断九恶

善行善交

万平◎著

断忌妒
断歹念
断虚伪
断放纵
断恶言
断撒谎
断贪婪
断愤怒
断愚昧

国文出版社
·北京·

图书在版编目（CIP）数据

善行善交　断九恶 / 万平著. -- 北京：国文出版社，2025. -- ISBN 978-7-5125-1867-4

Ⅰ．B038

中国国家版本馆CIP数据核字第20241D8H62号

善行善交　断九恶

著　　者	万　平
责任编辑	宋亚晅
责任校对	卜春娇
出版发行	国文出版社
经　　销	全国新华书店
印　　刷	三河市金兆印刷装订有限公司
开　　本	710毫米×1000毫米　　16开
	10印张　　　　　　　128千字
版　　次	2025年3月第1版
	2025年3月第1次印刷
书　　号	ISBN 978-7-5125-1867-4
定　　价	58.00元

国文出版社
北京市朝阳区东土城路乙9号　邮编：100013
总编室：（010）64270995　传真：（010）64270995
销售热线：（010）64271187
传真：（010）64271187-800
E-mail：icpc@95777.sina.net

前 言

在生命的长河里,每个人的心灵都是一片浩瀚无垠的宇宙,其中既蕴藏着璀璨的星辰,也潜藏着未被光明触及的幽暗角落。这些角落,藏匿着人性中那些微妙而复杂的暗流——忌妒、恶念、虚伪、放纵、恶言、撒谎、贪婪、愤怒、愚昧。这"九魔"不仅是我们心灵成长路上的绊脚石,更是我们人生旅途中的隐形杀手。它们悄无声息地削弱我们的意志,扭曲我们的价值观,让我们在追求名利与享乐的过程中迷失方向,远离了内心的纯真与善良。尤其当下生活节奏更快,遇到的事情更加纷繁复杂,我们更容易被外界的各种纷扰所包围,内心也容易变得日益浮躁与不安。所以,斩断这些束缚心灵的枷锁,成为了我们追求心灵自由与纯净的必经之路。

本书以独特的视角,为我们揭示了一条通往内心平静与自我超越的道路。它以九个人性中常见的弱点为框架,通过深入浅出的分析、生动鲜活的案例以及发人深省的哲理,引导我们反思自我,认识并克服那些阻碍我们前进的负面情绪与行为模式,最终达到心灵的净化与升华。这不仅是一本关于心灵成长的指南书,更是一次对人性深处光明与黑暗的深刻探讨与反思。

断九恶,不仅是对外在诱惑的拒绝,更是对内心世界的深度清理与重塑。正如书中所言,当我们学会后退一步,将忌妒蜕变为欣赏;当我们摒弃算计，守护内心的净土；当我们以真诚对抗虚伪，以自律抵御放纵；当我们选择良言而非恶语，坚守诚信而非谎言；当我们懂得适可而止，知足常乐，不再被贪婪所困；当我们学会控制愤怒，以平和之心面对世界；当我们拒绝愚痴，以智慧之光照亮前行的道路——我们就会发现，自己已悄然蜕变，成了一个更加完整、更加美好的自己。

这是一场漫长而艰辛的旅程，需要我们拥有坚定的信念、无畏的勇气与不懈的努力。只要我们勇于面对自己的不足与缺陷，以书为镜，以心为灯，积极寻求改变与成长的机会，最终，我们将发现，那些曾经困扰我们的磨难，其实正是推动我们成长与蜕变的宝贵财富，而我们也终将抵达充满光明与希望的彼岸。

作　者
2024 年 9 月

目 录
CONTENTS

第一章　不忌妒
忌妒是"红眼病",是"柠檬精"…………………………………… 2
各花各有各花香 …………………………………………………… 7
后退一步,将忌妒蜕变为欣赏 …………………………………… 13

第二章　不生歹念
真坏人和假好人 …………………………………………………… 18
莫算计,岂知你是"螳螂"还是"黄雀" ……………………… 22
一念天堂,一念地狱 ……………………………………………… 28
善恶交锋,守护内心的净土 ……………………………………… 32

第三章　不虚伪
虚伪——你到底想要掩盖什么 …………………………………… 40
那些表里不一的"双面人" ……………………………………… 44
唯诚可以破天下之伪,唯实可以破天下之虚 …………………… 50

第四章　不放纵
一味放纵会失去自我 ……………………………………………… 54
别让坏习惯掌控自己 ……………………………………………… 58
平衡,从节制开始 ………………………………………………… 62
自律的人生会开挂 ………………………………………………… 65

第五章　不恶言
一句恶言,两败俱伤 ……………………………………………… 70
犀利?不,那是恶语的伪装 ……………………………………… 74

良言一句三冬暖 ·················· 78
人生需要甜言蜜语 ················ 81

第六章　不撒谎

"欺人"太甚，终会遇到真狼 ········ 86
"掩耳盗铃"是愚蠢的把戏 ·········· 90
不欺瞒者，人亦诚而应 ············ 94

第七章　不贪婪

不要成为被欲望驱使的奴隶 ········ 100
欲望膨胀，往往以失去为代价 ······ 103
舍贪婪，得自在 ·················· 107
适可而止，知足者常乐 ············ 110
不贪小利，方能谋远 ·············· 114

第八章　不愤怒

愤怒就是灵魂在摧残自身 ·········· 118
生气伤身，何必为别人的错买单 ···· 122
不迁怒，让愤怒到此为止 ·········· 126
抑制怒气，给情绪降温 ············ 129
戒嗔修心，化生气为争气 ·········· 133

第九章　不愚昧

戒"一知半解" ···················· 138
做人要有自知之明 ················ 142
智慧度愚痴 ······················ 146
可以装糊涂，但不能真糊涂 ········ 150

第一章 不忌妒

忌妒使人心胸狭窄,对"强于己者"心怀怨恨。如此扭曲的心态又怎会过好属于自己的精彩人生?每个人都有自己的闪光点,与其在攀比中消耗自己,不如珍惜自己的独特之处,以平和的心态去看待他人的成就与幸福,让心灵得以真正的滋养与成长。

忌妒是"红眼病",是"柠檬精"

在心理学中,忌妒是一个人在看待别人所拥有的优势时感到不满、愤怒、自卑等的一种表现。忌妒,就是见不得他人过得好。

你的一个朋友拿到了哈佛的奖学金,马上就要去国外了,你会赞叹地说一句:"真棒!"还是会别扭地想"他也就是运气好而已"?

与你同期工作的男生,如今已经是科长了,但他每一次见到你还是会热情地打招呼,你会不假思索地回以热诚的微笑,还是在心里腹诽:"一个小小的官职而已,装什么装?"

假如你的行为属于后一种,那你就是在忌妒。正如当代诗人艾青所言,"忌妒"是"心灵上的肿瘤"。如果我们没有警觉,没有坚决地将其割掉,那么我们就会被忌妒冲昏了头脑,从根本上、从骨子里坏了,无可救药。这正是《圣经》里所说的"忌妒是骨中的朽烂"。

忌妒又是人的天性,没有哪一个人敢说自己从来没有忌妒过。我们得不到、想得到之物,有人已得之;我们努力奋斗得来的东西,有人却不费吹灰之力拥有了它;我们好容易快要成功的时候,别人却抢了先……在这些情况下,忌妒就不可避免了。只不过有些人将忌妒装在心里,纵使心中千万波澜,表面仍然是一副赞赏、恭敬的模样,脸上、行动上不见分毫。这也算是君子了。最可怕的是眼红心狠的人,因忌妒之心迷失

第一章 不忌妒

了理智，迷失了自我，最终酿成大祸，害了别人，也害了自己。所谓鱼死网破，便是如此。

所以说，忌妒是做人的大忌，一旦任忌妒在你心中疯长，最终害的还是你自己。

有一个人总是"恨人有、怕人富"。最近他忌妒上了自己的邻居：他的邻居越是高兴，他就越不开心；他邻居的生活过得越好，他越是不痛快；每天都盼望他的邻居走路摔跤、做饭起火，恨不得让对方染上什么不治之症，最好一夜间倾家荡产……

然而邻居依旧生活美满，并且每次见了他还微笑着同他打招呼。这让他的心里更憋屈了：只要一想到邻居的幸福生活，心里就像堵了一块石头，吃不下也睡不着，身体日渐消瘦。

终于有一天在忌妒心的驱使下，他决定给邻居制造点晦气。这天半夜，他等邻居一家都睡下后，悄悄地提了一袋泔水扔在了对方门上。谁知转身逃走的时候，不慎踩到泔水滑倒，径直滚下了楼梯，腿脚不能动弹。巨大的动静让邻居发现了他，及时送往医院，而他一路臊红着脸，羞愤得不敢面对。

这个故事中的主人就是出于忌妒，把自己置于一种心灵的地狱之中，折磨自己。但折磨来折磨去，却一无所得。忌妒的人会在心理上觉得价值感不平衡，并对他人的优势过度关注。隔壁邻居的幸福让主人公心生不安自卑，频繁比较却更感挫败，滋生强烈忌妒。长年累月下因忌妒累积出许多负面情绪，扭曲认知，幻想邻居不幸以求平衡。最终，他采取隐蔽攻击，如扔泔水制造晦气，实为心理报复。忌妒让他误将幸福视为必须处处压制他人，忽视了自我成长与内心平和。

忌妒的人容易变得傲慢。因为他们觉得自己是最优秀的，又怎会容忍比自己还要优秀的人。于是，当发现有人超过自己的时候，就会想尽一切办法羞辱、坑害对方。特别是当人们发现"比自己地位低的人，却拥有自己所没有的东西"时，更会宣泄自己的忌妒。

小莎和小美是大学同班同学，毕业后恰巧又到了同一家公司工作，两个人的级别相同，工作内容也类似。

小莎很善于和领导搞好关系，工作上也愿意下功夫，展现出极高的责任心和职业素养。她的努力与才华很快便得到了认可，升职加薪似乎成了水到渠成的事情，因此，没过几年就被提拔了。

小美和小莎是一同进公司的，但比起小莎，小美在复杂的职场环境中似乎总是难以找到属于自己的位置。在看到小莎先于自己升职后，小美心里更加不是滋味，她认为一定是因为小莎善于溜须拍马，才有了升职的机会。

这种忌妒心理如同野草般在小美心中疯长，她渐渐变得敏感多疑，对周围的一切都充满了敌意。

更让小美难受的是，小莎得到了一个很好的公司内部培训的机会。得知此事后，小美心中的不平衡达到了顶点，她认为这个机会本该属于自己。

于是，她有意无意地冷落小莎，一有机会就和同事说小莎过往出丑的事或者坏话。这给小美带来了暂时的快感，但她的良心深处非常不安，生怕小莎有一天来找她对质。因为忌妒和焦虑，小美每天都会失眠，严重影响了她的身体健康和工作效率。

随着时间的推移，同事们开始察觉到她对小莎的敌意和背后的议论,这种负面氛围不仅影响了团队的和谐,也让小美在职场中的形象大打折扣。原本她以专业能力和勤奋著称,但现在却因个人情绪管理不当而失去了许多同事的信任和支持,几乎丢掉了工作。

小美的忌妒心主要是由稀缺感造成的。稀缺感很容易导致忌妒,因为它让人误以为大海里只有一条鱼,别人得到了,自己就得不到了。对小美来说,这条唯一的鱼就是公司好职位,是内部培训的机会。她因此扭曲事实,将小莎的成功归因于不当手段,忽视其努力与才华,产生了忌妒心理。情感上,小美变得敏感多疑,对小莎充满敌意。为了缓解内心的不平衡感,她选择了传播关于小莎的谣言,试图通过贬低他人来提升自己的心理优势。这也是忌妒心理的表现。

在这里就不得不提到一个理论——"零和理论",该理论认为社会的资源是有限的,一方的收益必然意味着另外一方的损失,双方收益和损失相抵,总数为零。那些心怀忌妒的人会将自己的认知局限在一个狭窄的维度上——不管是在竞争中,还是在家庭幸福上,抑或是在其他方面。他们认为所有一切都好比一场竞赛,你拿了冠军,他就拿不到冠军。可大部分时候,零和定律并不成立,只是忌妒的人把路看窄了。

忌妒可以说是有百害而无一利,所以,我们要摒弃忌妒心理,不要让忌妒左右我们的情绪,扰乱我们的生活。以下建议可能有助于消减我们的忌妒心理:

1. 以平和心态为人处世

在这个复杂的世界里,我们要有一颗平和的心。它能帮助我们更加客观和理性地看待身边的事物。碰到有突出成绩的同事或朋友,平和心态能使我们冷静下来，考量他们成功的过程与艰辛，然后汲取经验，而不是盲目忌妒。这种心理状态可以让我们把忌妒变成自我提升的动力，从而实现自身的发展。

2. 培养客观分析的能力

要对自己有清楚的认识，对别人有充分的了解。首先，要承认自己的优点和缺点，意识到每个人的独特性。其次，在一个既有竞争又有协作的社会里，要意识到"一山更比一山高"，选择可比的对象进行良性竞争，从中发现自身差距，扬长避短。通过持续地学习，增强自身的能力，使个人价值得到最大限度地发挥。

3. 充实自己，让心胸更加开阔

主动参加各种形式的活动，不但可以增加我们的学识，而且可以使我们体验到不同的人生视角和价值观。培养各种兴趣，发掘自己的潜力，让自己的生活变得充实有趣，眼界和心胸更加开阔，而不是只盯着别人看。

忌妒，并不能改变别人的优秀，也不能让我们变得更优秀。不如以开放的心态去接受来自命运的一切礼物，不论是好的还是坏的。当你冲破"小我"的局限时，就能顺利地从忌妒的地狱中逃脱。

第一章 不忌妒

各花各有各花香

竞争意识世人皆有。好胜能使人更勤奋，但好胜过头就会发展成忌妒。这是一种精神上的疾病，是一种无能的表现。

忌妒心理通常发生在自己最熟悉的圈子里，普通人不会羡慕一个亿万富豪的身家，但却不能容忍亲朋好友超越我们半分。一旦看到有人取得的成就比自己大，运气比自己好，心里就会感到不爽，言语间也会变得刻薄。殊不知我们在忌妒别人的同时，别人有可能还在羡慕我们的生活。

一天傍晚，秀儿坐在自家院子里乘凉，无意间翻到了小姑子的朋友圈。看到小姑子穿着格外洋气，站在耸立的高楼前面，真是耀眼得很；再看看自己，心里头不由自主地羡慕起她来。"念过大学就是好啊，出来以后直接在大城市生活，吃得好，住得好，就连工作也在高楼大厦里，多风光。不像我，整天守在村里，不是做饭，就是带孩子，市里都没去过几次。"

这么想着想着就变了味："小梅是从这个村子里出去的，说到底还不是个农村人？天天在朋友圈发这些，膈应谁呢！"

秀儿心里憋着一股气，越比越觉得自个儿的日子简直无聊透顶，心里头很不是滋味。

"五一"假期，小梅回来探亲，秀儿见了她鼻子不是鼻子，眼不是眼的。饭后无事，小梅终于忍不住问秀儿："嫂子，往常我回来你都开心地拉着我聊这聊那，今天怎么奇奇怪怪的？"

秀儿终于忍不住跟小梅说了心里话："小梅啊，你大学毕业后就留在了北京，在办公室坐着吹空调就能挣那么多钱，比我们强多了啊。看你吃得好、穿得好，还能随便花，多自在！"

小梅哭笑不得，然后轻轻叹了口气，说："嫂子，我没想到你居然羡慕我，我还羡慕你在老家的生活呢。你只看到我凭学历找了个好工作，挣得多，可我一个月房租就要花工资的近一半了，更别提吃饭、买衣服什么的了，哪里还剩多少钱？更别提攒钱了。"

秀儿没想到事实居然是这样，又忍不住问："你都过成这样了，还发朋友圈，图啥啊？"

小梅无可奈何地摇摇头，拿出手机指给她看："你看这几个地方，盖得漂亮吧，这是老板要求的，去见客户要拍照打卡，怕我们以跑业务为借口出去偷玩儿。你还说什么坐在办公室里就把钱挣了，我每天见客户都要跑断腿了。"

"这……"秀儿一时哑口无言，原来小姑子的生活也挺辛苦的。

小梅又说："你看你，蔬菜大棚的技术学得那么好，年年收成都不错，挣得比我多多了，就你那技术十里八乡的谁不知道？哪个种大棚蔬菜的不来找你请教？你都快成专业老师了！"

一番话说得秀儿脸上一红，但心里乐开了花，从此她专注过自己的日子，挣的钱越来越多，还在市里买了房。

小姑子的朋友圈给秀儿带来了冲击，她认为自己只是个没上过大学的农村人，比不得有文凭加持的小梅。大城市的光鲜让她心生落差，自觉不足，没有看到自我价值，进而不自觉地将忌妒和不满投射至小梅身上，认为她的分享就是在炫耀。然而，认知局限让她忽视了对方生活的另一面。小梅虽然学历高，工作体面，但实则压力山大；秀儿虽在乡村，却技能在手，生活稳定。通过交流，秀儿意识到彼此实则各有所长，自我价值得以重塑。

其实，许多忌妒之人都像秀儿一样，在攀比心的驱使下忽略了自我价值，被别人的"标准"生活给拉偏了。自我价值感实际上是一种评价自己的方式，它包含了接纳及尊重自己的感受。有心理学家认为，人可以将自我价值感分成两类：一种是积极的自我感受，即自信乐观，被欣赏、被认可或获得某种成绩之后，个人所体会到的充实、快乐和满足感；而另一种就是消极的自我感受，即自卑抑郁，会情不自禁地觉得自己不如他人，想要去取悦他人，或排斥、忌妒他人。

一个人的自我价值感越低，就越容易忌妒他人。他们觉得自己有多糟糕，就会觉得别人有多完美。正是由于忌妒才会忽略对自身优势的关注，而拿他人的长处对比自己的不足。因此，他们才会视所有人为敌，忘记自己还有他人不能企及之处。

五个指头各有长短，每个人也都是有诸多长处和短处的"集合体"。那些乐观自信的人从不把时间浪费在忌妒别人的优点上。他们会积极地挖掘、展示自己身上的闪光点，努力让自己的人生变得更有价值，努力活出属于自己的精彩与风范。

有两个性格迥异却关系紧密的朋友——小童和小张。小童是位天生的艺术家，对色彩和构图有着敏锐的直觉，画作总能在画展上脱颖而出，吸引无数目光。而小张，则是一名技术宅，对编程和电子设备了如指掌，经常能捣鼓出令人惊叹的小发明。俩人虽然兴趣不同，但彼此欣赏对方的才华，经常在一起探讨如何将创意与技术结合，创造出新的可能。

一次偶然的机会，市里举办了一场名为"未来城市创意大赛"的活动，旨在鼓励年轻人利用科技创新改善城市生活。消息一出，立刻引起了社会各界的广泛关注。小童和小张得知后，相视一笑，心中都萌生了一个念头——何不联手参赛，将艺术与科技完美融合，展现他们"各有所长"的力量？

说干就干，俩人迅速投入紧张的筹备中。小童负责构思整个项目的核心理念和视觉呈现。他设想了一个名为"智能光影城市"的概念，通过高科技的投影技术和互动装置，让城市的夜晚焕发出前所未有的光彩，同时融入环保理念，引导市民关注节能减排。他画出了一幅幅充满想象力的草图，每一笔都蕴含着对美好生活的向往。

小张则负责将这些创意转化为现实。他利用自己的编程技能，设计出了一套复杂的控制系统，能够精准控制光影的变换和互动装置的反应，确保整个项目既美观又实用。此外，他还动手制作了几个小型样机，用于演示项目的核心功能，让评委和观众能够直观地感受到"智能光影城市"的魅力。

经过数月的努力，他们的作品终于在大赛上亮相。当夜幕降临，整个会场被一片璀璨的光影所包围，仿佛置身于一个梦幻般的未来世界。人们可以通过手机App下载与光影互动，体验不同的场景变换，感受科技与艺术的完美交融。评委们对这件作品赞不绝口，认为它不仅展现了极高的创意水平，更体现了团队合作的力量。

最终，"智能光影城市"项目众望所归，荣获了大赛一等奖，小童和小张站在领奖台上，相视而笑。

在合作过程中，俩人都看到了彼此的长处，共同为团队贡献力量，并没有因为对方的优秀而产生忌妒心理。这种互相欣赏的态度为他们之间创造了一个和谐的合作环境，使得他们能够更加专注于项目的进展，而不是无谓的攀比和争斗。正是这种将各自优势进行最优化配置的做法，才使得项目创意无限，既具有艺术美感，又具备技术可行性。

忌妒是人普遍的缺点。但每个人都有自己的长处。与其去关注他人的长处，还不如发掘自己的长处，将自己的长处发挥出来。就像画家黄美廉说的，不要只盯着自己没有的，要将所有的注意力放在你所拥有的事情上。

想要减少自己忌妒别人的频次或强度，有几个方法是值得尝试的。

第一个方法：提升自尊。在心理学领域，自尊分为三个部分，一部分叫自爱，一部分叫自我观，还有一部分叫自信。

自爱源于童年或婴幼儿时期被爱的感觉。在这个阶段能充分体验到被爱的人，长大之后自爱的能力就强，也更有能力去爱别人。一个人如果彼时没有获得充分的爱，就要试着提升自爱的能力，比如尽力做一些对自己好的事情，让自己开心，照顾自己的感受和情绪，慢慢地找到自爱的感觉。

自我概念关乎自己和别人如何看待我们。因此，建立自我概念，首先要接受自己，无论是外在还是内在，认可"我就是这样的人，每个人都不一样"的理念。此外，我们还要了解，所谓的优缺点都是相对的：有些我们认为的缺点，放到某个特殊的领域里可能就是优点。拥有了这样的心态，我们对自己的看法就会更积极，慢慢建立起自我概念。

自信是对个人能力的一种感知。自信的人会认为自己有能力、有信心去解决很多问题。在日常生活中，一个不断去体验较小成功的人，往往更容易积累自信。因此，建立自信，我们可以从制定阶段性的小目标开始。需要注意的是，制定目标的时候绝对不能好高骛远。我们如果制定了一个非常离谱的目标，结果实现不了，自己反而会受到打击，使自信心不断减弱。

第二个方法：提升自我效能。心理学家卢桑斯提出过一个心理资本的概念，即"你是谁""你想成为谁"。心理资本作用在自我能力信任方面，就是自我效能。

自我效能感高的人，忌妒别人的频次就会比较低。那么，如何提高自我效能呢？一方面是认识自我，另一方面是主动学习和模仿。忌妒多数是指向他人的。我们之所以会忌妒对方，也是因为对方比我们好。既然如此，那我们就要努力寻找对方比我们好的原因，然后带着学习的心态去提升自己。

第三个方法：思考我们想要的到底是什么。我们在不知道自己想要什么的时候，往往会把别人的成功当作自己的目标。所以，消除忌妒的核心就在于要明确个人追求，定义自己的成功标准，聚焦于个人目标，避免盲目攀比。

我们每个人都是花园里的鲜花，只不过品种不同、盛开的季节不同，但我们都一样芬芳、漂亮。

后退一步，将忌妒蜕变为欣赏

作家蒋勋曾说："把忌妒转变成羡慕是一种美学的态度。"他以《三国演义》里的诸葛亮和司马懿为例，说他们彼此既是敌人，又是知心朋友。抛开国仇，二人相互欣赏和钦佩之情溢于言表。这才有了电视连续剧《虎啸龙吟》中二人在城头上的对话，惺惺相惜之情深入人心。

忌妒是无能的表现，而欣赏却体现了一种宏大的人生格局。生活中，我们若能发自真心地欣赏他人，对自身的优势与魅力也将了如指掌。我们的自信正建立于此。

更重要的是，只有真正懂得欣赏他人的人，才能明白什么叫作"人外有人，天外有天"，从而使自己更加谦逊和克制。这是一种品德，也是为人处世的智慧，可以让我们的生活更加顺遂。

小沈是小邓的同事。小沈娇生惯养，心机深沉，容易计较，看到别人比她好就酸言酸语地揶揄对方。当其他同事在工作中取得成绩，被领导表扬时，她总是会在旁边忌妒地说一句："颜值高就是好，可以往上爬！"

公司刚招来一个美女实习生，她就讽刺地说："年轻有什么可炫耀的，谁还没年轻过啊，再过两年，你也会憔悴。"

前台小妹谈了个帅气又有能力的男朋友，她又说起了闲话：

"干得好不如嫁得好！"

和她一比，小邓既谦逊又务实。当她发现自己的搭档穿着时尚的时候，眼睛都亮了，由衷地夸赞道："好美啊！这件衣服真的好贴合你的身材！"看到其他人表现出色，她羡慕地问："你好厉害，能不能教教我？"自己的对手被提拔，她也没有丝毫的忌妒，而是发自内心地说："他的能力各位同事都看在眼里，我还是差了一些，希望有一天我也能变得像他一样优秀！"

再之后，小邓有了自己的团队，在公司中干得风生水起。可小沈却始终处于最底层，两者之间的差距越来越大。

小沈和小邓的故事让我们看到了人在面对强者时的两种不同心态。小沈因忌妒而损人不利己，阻碍了她与同事建立积极的关系，还限制了自我成长。相比之下，小邓则"化忌妒为欣赏"，以真诚地欣赏博得了他人的好感，当看到同事的成功时，不仅不忌妒，反而主动寻求学习和交流的机会，这种积极的心态让她实现了职业生涯的飞跃。

心理学家曾奇峰曾经表示，忌妒和个人的才能有很大的关系。这种能力，不像一般的记忆力和运算能力，而是欣赏他人的能力。他认为，忌妒是由"欣赏不能"引起的。一个人看事物的距离很重要——如果离得过远或过近，就很难看清事物的样貌。

与此同理，当我们拿自己和他人相比的时候，如果对方与我们心理上的距离很近，我们就会把他的形象牢牢地记在自己的脑海里。若对方的能力强过我们，我们就难免产生被"入侵"的不适感，忌妒就这样产生了。随着这种内在威胁感的增加，我们更难把忌妒转化为欣赏。而反过来，如果我们刻意与他人保持过远的心理距离，也会陷入"欣赏无能"的困境。比如，原本关系密切的同事，如果我们因嫉恨而刻意疏远，那么他们的优秀反而会成为我们的心理负担，使我们难以理性地欣赏他们。

第一章　不忌妒

由此可见，这里的"过近""过远"指的不是具体地理方位，而是一种情感体验。想要恰当地欣赏别人，最好与被欣赏的对象保持恰当的心理距离。相处的过程中，如果觉得不对劲，你可以不断尝试着去调整这个心理距离，直到可以畅通无阻地欣赏对方。

从这一点可以看出，此处"过近"与"过远"更多的是一种感情上的感受。心理距离合适了，我们才能毫无阻碍地欣赏对方。

化忌妒为欣赏是很难的。我们总是用一种狭隘的眼光来看待他人，因为讨厌对方的某一处而彻底否认这个人，只看到别人的缺点和错处就会蒙蔽我们发现美的目光。我们应该明白，一个人再怎么让人厌恶，也会有他独特的优点，这个优点就是我们要欣赏和学习的地方。对自己忌妒的人表示赞赏并不是一种耻辱。倘若我们能放下偏见，发自真心地欣赏对方，反而彰显了我们内心的自信，和骨子里的澄澈达观。

美国一个叫阿瑟·华卡的农家少年，一直很忌妒商界的成功人士，但是他是一个好强的人。一天在杂志上读到大实业家亚斯达的故事，他很忌妒亚斯达有这样巨大的成功，但转念一想，为什么自己要在这儿忌妒呢？忌妒又不会让我获得什么？何不向他请教成功经验，也许我就能像他一样取得成功了？

有这样的想法后，华卡急不可耐地前往了纽约。

早上7点，他来到亚斯达的事务所。凭借杂志上的照片，他很快找到了亚斯达，这让他兴奋不已。一开始，高个子的亚斯达觉得这少年有点讨厌。然而一听少年问他"我很想知道，我怎么才能赚到百万美元"的时候，他的表情变得温和并微笑起来，两人竟谈了近一个小时。随后亚斯达还告诉华卡该怎样去访问其他实业界的名人。

华卡照着亚斯达的指示，抱着敬佩的心理遍访了那些曾让他忌妒的一流的商人、总编及银行家。在赚钱方面，华卡所得到的忠告并不见得对他有所帮助，但是能得到成功者的知遇，给了他自信，他开始化忌妒为奋进的动力，仿效他们成功的做法。

过了两年，这个20岁的青年，成为当初他做学徒的那家工厂的所有者；24岁时，他成了一家农业机械厂的总经理。就这样，在不到5年的时间里，华卡就如愿以偿地赚到了百万美元。后来，这个来自乡村的少年，又成为一家银行董事会的一员。

华卡在以后的创业中，一直实践着他年轻时到纽约学到的基本信条：多与比自己优秀的人结交，把忌妒别人转变为欣赏，用这样的心态去学习别人的长处，以此来帮助自己成功。

换成是我们，又能否用这样的心态实现自己的价值呢？

华卡给我们上了生动的一课：面对难以企及的商界成功人士，他没有被忌妒夺走理智，而是选择将其转化为赞赏、敬佩和动力，通过拜访并学习大实业家亚斯达等成功人士，实现了个人蜕变。这种欣赏并效仿成功者的做法让华卡的人生目标更加清晰，展现出强大的自我激励与适应能力。最终，他凭借积极的心态推动自己不断前行，实现了经营上的巨大成功。

我们在生活中要多一点欣赏，少一些忌妒；多一些赞美，少一些嘲讽打击。更何况欣赏别人也是在给自己的未来创造机遇。只有欣赏别人，才能更好地欣赏自己和发展自己。

在情感的长河里，忌妒犹如暗流涌动，唯有正视并理解其本质，我们才能学会驾驭这股力量，不让它成为阻碍自我成长的绊脚石。只有摆脱忌妒的枷锁，我们才能以更加开放和包容的心态迎接生活中的每一个挑战与机遇，才能培养出更加坚韧与自信的自己。

第二章 不生歹念

　　歹念,是心灵深处的恶魔,是灵魂上的污点。它如同一片阴影,笼罩着我们的心灵,让我们在黑暗中迷失自我。人生的每一阶段,或许都有它的阴霾,但我们绝不能因此而沉沦。善恶有报,每个人的内心都存在天使和魔鬼的决斗场。当我们以一颗善良而强大的心去面对生活中的种种艰难,便会在明亮的正气中找到属于自己的方向。

真坏人和假好人

孔子说:"君子成人之美,不成人之恶,小人反是。"又说,"毁人之善以为辩,狡讦怀诈以为智,幸人之有过,耻学而羞不能,小人也。"孔子对小人的评述可谓是一针见血,他道出了君子与小人行为准则的根本差异。

所谓歹念就是指不好的、恶劣的念头或意图。人之所以会产生歹念,多半是由强烈的负面情绪引起的,如仇恨、忌妒、欲望等。个体在面临压力、挫折或不满时,如果没有良好的情感调控与道德约束,就极易滋生恶念。此外,环境、家庭教育和社会经历等外部因素也可能对歹念的产生起到推动作用。例如,家庭教育缺失、社会风气不良、个人道德素质欠缺等。

真坏人和假好人都是心存歹念的小人,只不过他们在表现方式上有所不同。真坏人如同猛兽,直接展露其凶残本性,其行为恶劣、手段残忍,让人一眼便能识破其真面目;假好人往往更具有隐蔽性和欺骗性,善于伪装自己,以善良、正直的形象示人,但往往会在我们最不经意的时候给我们以致命的一击,让人防不胜防。

刚毕业的小飞进入了一家工厂做质检员,因为他工作很细心，每次产品出了问题，哪怕再小，他都会要求工人重做。上一任质检员就和他大相径庭，不仅脾气很好，对产品质量的把关也没那么严，产品的通过率很高，工人们也都愿意和他一起说说笑笑。两相对照下，小飞在公司里的人缘就不好了，才刚入职不久，就已经得罪了好几个人。

有一日，小飞吃坏了肚子，在公司频繁地上厕所。就在小飞第三次上完厕所正准备抽卫生纸的时候，才发现厕所里的卫生纸没了。

"刚才还有很多，怎么这会没了？"小飞嘀咕着，"明白了，肯定是那帮被要求返工的工人干的，这摆明了就是要报复。现在怎么办？我才刚来，也没结识几个熟人……"他虽恼火，也只能干着急。

好在没过多久，小飞的救星出现了，是打字员小华的声音："我也正好上厕所，刚看你跑了好几趟，怕你不够用。"

每次和朋友提起这件事，小飞总会说："我这辈子都忘不了这个仇。如果不是小华，他们肯定会笑死我的。"后来，小飞的一个好友成了他们公司的市场部主管，而给小飞送纸巾的小华顺理成章地做了主管的助理。

其实，这事说起来是件小事，甚至有些不雅，不过却是很好的教材。小飞的同事们就是典型的真坏人。因为小飞执行标准严格，挑战了同事们的宽松工作方式，引发了他们的不满与忌妒，觉得自身专业受质疑。在不满情绪积累到一定程度后，部分同事产生了报复的念头，比如通过恶作剧（如拿走厕所的卫生纸）来让小飞感到尴尬和难堪。这种幸灾乐祸、落井下石的行为反映了一种想要让对方吃苦头、受挫的心理。他们之所以要这么做，一方面是想通过这件事"警告"小飞；另一方面还想影响其他同事，形成对小飞的集体排挤。

所以，一个人绝对不能心存歹念，风水轮流转，有朝一日被你伤害的人身居高位，你又当如何？多做雪中送炭的事，一方面是提高个人德行与修养，另一方面也是在给自己铺路。对别人要宽容、理解、仁慈，不仅是对他人的尊重，也是对自己未来的负责。

2016年11月，江苏省丰县一个社区居民小芳通过微信摇一摇认识了一名男网友。从那时起，小芳便每天和他谈天说地，觉得此人不但谈吐风趣，还时常关心自己，为人很好。

数日后，这位男网友邀小芳在某公园相见。但在交谈过程中，她感觉对方的形象和自己想象中的相差甚远，便想就此结束赶紧回家。没想到那个男网友突然变得凶狠起来，用刀子逼迫小芳交出手机。挣扎无果的小芳，只能将自己的手机交了出来。最后，连带装着银行卡、身份证等物品的挎包也被抢走。

被抢后，小芳看到不远处走来一名女子，她立刻跑过去求助。在听到小芳的讲述之后，那名女子热情地给予了帮助，马上用自己的手机打给银行客服挂失小芳的银行卡，然后向小芳要了身份证号码和银行卡密码。在挂断电话之后，女子告诉小芳银行卡已经办理挂失了。紧接着又问小芳要她的手机密码，小芳毫无防备地如实相告。可正当小芳打算借用那名女子的手机拨打 110 的时候，那名女子却声称自己的电话已欠费，并催促小芳赶紧回家。

回到家，小芳在家人陪同下报了警。警方经过调查侦破，判断出男网友与后来"帮忙"的女子是一伙儿的。这俩人是情侣关系。由男网友作案抢劫，而女子则充当"好心人"，以帮忙的名义，骗走受害者的手机密码和银行卡密码，然后二人会合取走卡里的钱。

不仅如此，这俩人嫌抢劫小芳的钱财太少，又编造了小芳的孩子生了一场大病急需救命钱的虚假信息，借着小芳的手机发送到了她的朋友圈中，很快又收到了小芳好友发来的红包。

幸运的是，警察发现得及时，最后以抢劫的罪名将俩人逮捕。

若是一个心怀不轨的恶人从一开始就是凶神恶煞的模样，足以让我们警惕和戒备，那么那些用"善意"伪装出的"好人"会让我们措手不及。案例中的小芳，原本以为自己碰到一个知冷知热的人，却不承想是抢劫犯；好容易脱离魔爪遇到了"好心"大姐，以为能将自己的损失降到最低，哪知道竟然落入了又一个陷阱。这些"假好人"给小芳的心理造成了双重伤害。可见，那些自诩带着"善意"而来的"假好人"，的确是需要我们认真"对待"。

很多人都不会将一些微不足道的恶意、歹念放在心上，甚至还有人认为，这是做大事者不拘小节而已。然而，这颗邪恶的种子看似不起眼，可一旦埋下，它就会生长、开花，结出恶果，让我们的生命陷入一片黑暗和阴霾之中。只有怀抱善良的信念才能心向阳光。面对已经犯下的错误，勇于剖析根源，认真反思和努力纠正，让每一次错误都成为成长的阶梯；珍视现在，把注意力集中在当下，去感知自己的真正情感和需要，让心灵回归本真。最关键的是，我们要常怀善心，以善待人。

勿以恶小而为之，勿以善小而不为。灵魂的修行，在于累积，在于沉淀，每个微小的思想和行动都是塑造人格的基石，日复一日地积攒善念，最终会结出善良的果实。

莫算计，岂知你是"螳螂"还是"黄雀"

这个世界上总有那么一群心怀不轨的人，他们以阻碍他人的发展和成功为乐趣，让很多人都吃尽了苦头。

这种人古已有之。他们自己没有资本，专替他人出主意，从中获利。春秋战国时有一种职业，叫纵横家，专门吃这碗饭，而且不管主子是谁，朝秦暮楚，唯利是图。

善策者无专长却精于谋而得利，取他人之功。这类人总是希望能名利双收，但最终没几个能落得好下场。他们就像是蚊子和苍蝇，虽然掀不起多大的风浪，但也绝不了种。

电视剧《正阳门下》中就有这样经典的一幕。主角韩春明从小和程建军一起长大，但二人一直不对付：程建军事事都想

第二章　不生歹念

压韩春明一头才觉得心里爽快。

眼看着韩春明从鼓捣"破烂儿"的小子转眼成了企业家，程建军心里越想越不是滋味，于是打定主意要算计韩春明一回。他料定，就算韩春明常年和古董打交道，也有看走眼的时候。于是他就想从古董下手，让韩春明吃一次哑巴亏。

一次机缘巧合下，程建军从摊子上发现了两个高仿的物件——古代的香炉和笔筒，他觉得韩春明肯定看不出真伪，就花几百块买了下来。

借着春明开业宴请众人的时候，他带着两件"宝贝"大摇大摆地走了进去，还故意在亲朋好友问起的时候假意包起来。这一举动引起了邻座的兴趣，直说打开给大家都看看。他却摆手假意推脱，说自己也没看好，如果打了眼，就真丢人了。

而他只是嘴上这么说，却并没有制止他们打开。韩春明一看，心下了然，只问了一句这是多少钱买的，然后就不动声色地坐在一旁。

众人兴致盎然地拿着笔筒研究，还有人想出双倍价钱买下。程建军打着哈哈夺了过来，扭头对韩春明说："六万也不给，是吧？春明"。

所有人都被这两个东西激起了兴趣，想要现场拍卖，价高者得，韩春明也点头同意，然而程建军还是假意推拒不卖。

就在这时，程建军的妻子直言要将这两件东西送给韩春明夫妻当新婚礼物。韩春明表示毕竟是宝贝，随后让自己的妻子出了十万的价格买下了。

程建军一听，暗自得意，觉得自己总算胜他一回，然而面上还装作舍不得的样子。

事后，韩春明专门将程建军叫到办公室，说钱已经到账了。程建军喜不自胜，心想今天终于能看对方笑话了，于是将笔筒是高仿的事情告诉了对方。

只见韩春明拿起笔筒狠狠地摔在了地上，看着一脸小人得志的程建军，严肃地说："我知道这笔筒是假的，但我看上的不是笔筒，而是那个香炉。在北宋年间，杨六郎曾打过一场仗，名叫天地绝命阵。而这香炉刚好符合北宋年间的特点，并且香炉上面刻着四个字——'天地绝命'。"

程建军听完连连摆手，直说"不可能"，觉得对方在给自己编故事。见他仍是不信，韩春明告诉他不妨去问问对古董研究最深的"破烂侯"，然后丢下一句"聪明反被聪明误"后就离开了。

这边，程建军不死心，还是找到了"破烂侯"。在得知香炉是真的后，程建军只觉天旋地转，气得一口血吐了出来，不甘心地叫喊了一声"春明"，晕倒在地。还好被人发现送去了医院，这才转危为安。

出于忌妒，程建军对韩春明展开了算计，这种忌妒源于俩人从小到大的竞争关系以及对方的成功。这种不平衡感驱使他萌生了歹念，失去理性判断，只看到对方的成功而忽视了自己的不足。从宝贝展示到韩春明买下，整个过程中程建军都透露着算计。他故意购买高仿古董，企图在众人面前让韩春明"走眼"，这种策略性欺骗体现了程建军对韩春明心理的精准把握，他相信韩春明会因为面子或自信而中计。于是在宴会上，他利用人们的好奇心和贪婪心理,通过言语诱导和氛围营造,让韩春明不得不高价购下假笔筒。然而,程建军在算计过程中,也陷入了自我欺骗的陷阱。他过于自信地认为自己的计划天衣无缝,这种盲目的心理让他忽视了对方识破骗局的可能性,也让他在面对失败时无法接受现实。他没想到,自己的算计早被看穿,反倒还将了他一军。这一结果不仅让程建军颜面尽失,还让他承受了巨大的心理打击。真是应了韩春明的那句"聪明反被聪明误"。

"螳螂捕蝉,黄雀在后",算计的人都觉得自己是黄雀,可在别人眼里你很有可能是那只螳螂。算计就好像圆谎,一环套一环,你又岂知自己不是别人算计中的一环?算计的人自以为有多精明,实际上就有多愚蠢,最终到手的利益也只是给他人做"嫁衣裳"。

  张、王两家都是经营饭店的,门店紧挨着。两家的竞争激烈程度可想而知。为了争夺客源,两家使出了浑身的解数,明争暗斗。这边张家刚刚把饭店装修好,那边王家也立即准备装修;王家新增加了烤鸭的菜品,张家马上也请了烤鸭子师傅;张家正准备贴出夏季喝啤酒免费的广告,王家也挂出横幅表明菜品一律九折优惠。

  看到采用公开的手段很难击垮对方,张家就在私下里四处散播王家炒菜用的是地沟油的谣言。这个消息传出去后,王家的客人立即减少了很多,大家都跑到张家来用餐。王家得知这个事情的真相后,恨得咬牙切齿,明明自己用的是新榨出来的植物油,怎会是地沟油呢?遂想出了更狠的一招来还击对方。他找人做了传单四处发,内容是张家做菜用的肉都是低价买来的过期的肉。这一招也很奏效，张家也一下子门庭冷落了。

在两家饭店陷入恶性循环，生意双双受挫之际，住在商业街另一端的李先生暗自欣喜。他默默看着张、王两家的争斗，时不时向别人打听些什么。

李先生也是做餐饮行业的，他深谙市场竞争之道。他早就注意到了张、王两家的争斗，并从中看到了商机。在他们斗到山穷水尽的时候分别找到他们，假意示好，提出了一个看似"双赢"的方案——以低价收购他们的店铺，并承诺给予他们一笔不菲的补偿金。

对于张、王二人而言，这无疑是雪中送炭。虽舍弃苦心经营多年的店铺心有不甘，但面对接连亏损也知道无力转圜，于是答应了李先生的提议。

李先生将二人店铺盘到手后，马不停蹄地开始装修，三个月后开业迎宾。张、王二人出于感激，都前去捧场祝贺，然而到地方一看顿时傻眼。原来李先生并没有像承诺的那样将店铺改造成超市，而是继续经营餐饮业务。不仅如此，他还高薪聘请了张、王两家原来的厨师团队，借此口碑迅速打造出了一个全新的餐饮品牌。而他给张、王二人的补偿金，实际上只是他们店铺价值的一小部分，远远低于市场价格。

张、王二人面面相觑，却也无计可施，唯有后悔。

张、王二人这次真是得不偿失。他们两家饭店的竞争是短视的"零和博弈行为"（在严格竞争下，一方的收益必然意味着另一方的损失，博弈各方的收益和损失相加总和永远为"零"），为争夺客源不择手段，这种极端的竞争方式最终使两家餐馆的经营陷入恶性循环，双双受损。而李先生敏锐地捕捉到张、王两家争斗背后的商机，巧妙利用这一局势布棋，以低价收购店铺并高薪聘请原厨师团队的方式，迅速打造新品牌，实现商业收益。

很多聪明人精于算计，工于心计，但显得力倍功半。他们以为自己是少了运气，其实不是，是少了一些宅心仁厚和人情世故。人活一辈子，为自己盘算乃本性使然，但人有小算盘，天有大算盘，人算不如天算。就像《培根论人生》中说的那样，"狡猾是一种邪恶的聪明。但狡猾与机智虽然有所貌似，却又很不相同"。

因此，我们需要端正自己的思想，可以拥有"心机"，但只能用来警醒和自保，而不是算计他人。"心机"也有好有坏，我们只有把"心机"用在正道上，才能赢得更多的信赖和机遇，才能取得更大的成就。建议我们一方面要厚道做人、以诚待人，与他人建立信任与尊重的关系；另一方面也要充分认识到协作和分享的重要意义——只有共享资源才能创造更大的价值。

一念天堂，一念地狱

天堂和地狱的差别，仅在于做人的一念之差：心态不同，就造成了极其不同的结果。一念之际，行善无愧于心，与人为善，自己方便，广交人情，广积善缘；一念之间，作恶逞凶则自掘陷阱，自毁前程，为人所唾。善念善行是积累人脉、开拓道路的"人和"基础；恶念恶行则会让人厌恶、走向堕落的深渊。心地善良的人一言一行都能令人感到温暖与光明，叫人如饮甘饴；心存恶念的人则一举一动都充满了欲望，叫人如吞苍蝇。

小彬是一家高科技公司的业务骨干，工作能力有口皆碑。

有一次，他到深圳出差半个月，圆满地完成了任务后返回。下了火车才发现自己不慎将部分住宿、出租车和业务宴请等一些票据给弄丢了，总计有1000余元。

回到出租屋后，他正苦恼该如何向公司解释这个问题时，室友兼好友三庆给他支了个招儿，说自己认识的一个租房中介好像能搞到发票，不如问问那个中介。

见小彬还在犹豫，三庆又说："问问怕什么！"

于是，小彬一念之差，鬼差神使地从对方手里花了30多元买了1000余元的各种发票。虽然他心里很忐忑，有负疚感，但一想，只用30多块就能挽回1000多的损失，很值啊！

第二天，小彬拿着票据回到公司，在老板那里顺利地签了字，当在财务处报销时，夹裹在票据里的假发票被会计发现了。会计扯着嗓子质问的时候，几乎全公司的人都能听到，他恨不得地上有一条缝钻进去。

他支支吾吾地向会计解释，结果却越抹越黑，最后只好坦白了事实。由于已经构成非常严重的财务违纪，会计只能够秉公办理。好在经过公司调查研究决定从轻发落，他被处以严重警告处分。

半年后，公司顺利上市，小彬因为这次严重违纪，被取消了一半的购股权。那可是价值近10万元资产啊，小彬后悔不已。

一失足成千古恨。在面临票据丢失的困境时，小彬原本有机会选择诚实面对问题，向公司如实汇报情况并承担后果。然而，在室友三庆的"建议"下，小彬未能坚守内心的道德底线，选择了购买假发票的"捷径"，恶念滋生，忽视了法律与道德底线。看似是因为三庆和中介引发的歹念，但实际上，他们只是小彬恶念滋生的催化剂，本质上还是他自己的道德天平发生了倾斜，倒向了"恶"的一面。

相对善恶本身来说，更重要的是我们的念头。坏的念头只能使我们铸成大错；好的念头却会让我们收获更多，可能交到一个朋友，避免一场灾祸，得到一个机会或及时撤回犯错的脚步。

当小吕的律师事务所在美国成立之初，他甚至没有能力购买一部影印机。后来，美国刮起移民浪潮，他也借此机会接手了不少案件，赚得了人生中的第一桶金。他用这笔钱买了车、房，还扩大了公司，有了自己的员工。

在事业蓬勃发展的时候，他将资产投入了股票，结果几乎血本无归。更倒霉的是，岁末年初，移民法再度修改，职业移民名额削减，他的事务所即刻变得门可罗雀。他从来没有想过一夜间就从辉煌跌落谷底。

就在这时，有一位公司总裁给他来信，表示要把自己公司30%的股份转给他，并且聘请他做该公司及其另外两个分支机构的终身法人代理。

他对此难以置信，好奇地找到了对方公司。接待他的正是公司总裁。

这个四十多岁的波兰裔中年人友好地问他："还记得我吗？"

他摇摇头。

总裁微笑着从抽屉中取出一张被揉皱了的五美元的汇票，上面夹的名片写有小吕律师的地址和电话号码。

小吕实在想不起还有这一桩事情。

"十年前，在移民部，"总裁说，"我正在排队办理工卡，轮到我的时候，办公室都要关门了。那时，我并不清楚申领的费用上涨了五元，而且移民局也不接受私人支票，我身上也没有带多余的钱，如果我那天拿不到工卡，老板就会再雇别人。是你递给了我五元，我请你留下地址，好把钱还给你，你就给了我这张名片。"

"后来呢？"小吕慢慢地想起了这件事，但还是怀疑地问道。

"后来，我加入了这个公司，并且很快发明了两项专利。

在我来公司工作的头一天，我就打算将这张汇票寄出，但却迟迟没有行动。因为我独自一人来美国闯荡，受过不少冷眼与苦难，这五元让我的生活发生了翻天覆地的变化，也改变了我对人生的态度。我不能随随便便只寄出这张汇票，所以我一直等到了今天，终于能对你有所报答。"

小吕的善举在十年后意外地为他带来了人生转机。那份及时的善意，替当时还默默无闻的总裁解了围，虽然善行微小，却意义重大。

一念之间，善恶分野。这是我们内心"道德决策"与"心理防御机制"在微妙互动。在面临道德抉择时，个体的内在价值观、外界影响及即时情绪共同作用于这一念之间，塑造着行为的选择。善念往往来源于长远利益的考量，对规则的遵守和对自身形象的维护；恶念则可能受到眼前利益的诱惑，对后果的漠视或者是出于内心的自我防御（如否认、合理化）的作祟而滋生。因此，深刻认识并培育良好的心理防御机制，提高自我道德修养和自我监督水平，是指导个体在一念间作出正确决定的关键。

一是在面对生活的起伏时，我们应坚守良知，让善念成为行动的指南。即使遭遇困境，也要积极面对，要坚信善心的力量能够引领我们回归正道，不让心灵被阴霾笼罩。每当有不好的念头时，可以把它记录下来，反复问自己"我非要这样做不可吗？""这对我真的有好处吗？""这样做会让我最亲密的人如何看待我？"

二是培养善念，让它在日常生活中生根发芽。无论是小事还是大事，都以善为出发点，用行动诠释善良。设定一个小目标，每天做一件善事，无论大小。比如，给需要的人让座、帮助同事解决一个小问题、帮陌生人指路等。这些看似微不足道的善举，能够逐渐培养我们的善念和习惯。

三是努力理解他人的感受和需求，学会站在他人的角度思考问题。可以定期参加一些公益活动或志愿服务，如环保活动、慈善募捐、社区服务等。这些活动能够让我们亲身体验到帮助他人的快乐和价值，进一步激发我们的善念和行动力。

一念向善即在天堂，一念向恶则入地狱——天堂地狱皆由心生。如果我们能掌控好自己的内心，那么就减少恶念的萌生，每当恶念涌现时，及时转身就能抓住善的影子。

善恶交锋，守护内心的净土

1971年，心理学家菲利普·津巴多在斯坦福大学进行了一项监狱试验。他将24名身体健康且情绪稳定的大学学生分为两个小组，一组的角色是监狱看守，一组则扮演囚犯。原本十五天的试验却只进行到第六天就匆匆结束了。原因是试验者过于"入戏"：监狱看守人员沉浸在真实的暴力之中，而犯人则陷入了真正的绝望。

这种类似于恐怖片的体验折射出了人类的本性：一个人无论外表多么普通，多么善良，在某些情况下，比如监狱，都有可能暴露出"恶魔"的一面，反之亦然。意大利前总理莫罗曾经说过，"我们都是自身经历的囚徒"。当人的思想被自己的经历所束缚，那么他的思想就只会来源于自己的经验，来自他所处的环境。这就说明了人具有善恶两面性。

第二章 不生歹念

因此，在善恶冲突的时候，我们必须坚守住内心的善。人的良知虽然不一定长在善良的羽翼下，但每当它走失了方向时，善心总能把它找到——无论它走失了多远、多久。

他曾经是一名抢劫犯，曾蹲过监狱，出来后又为非作歹。在穷途末路的时候，他选择抢劫一家银行。尽管这只是一家很小的储蓄所，但他却在这次抢劫案中遇到了从来没有过的麻烦。两名少女成为他的人质，其中一个因反抗过于激烈丢掉了性命，他挟持着另一个上了车。

被劫持的女孩坐在飞驰的汽车里满心惊恐。

她今年21岁，能成为银行职员实属不易。父母去世得早，家里的存款也并不多，这些年都是她的哥哥在工地上卖苦力赚钱养活他们俩。为此，她从不敢懈怠，不光平时刻苦学习，还在哥哥的建议下报了培训班进修。

她觉得自己真是倒霉，才工作没多久，就遭遇了这么可怕的一幕，恐怕是活不成了。

此时，劫匪的车终于被逼停，同时被警方团团围住。

警察劝他把手枪放下，不要伤及无辜。他发疯似的叫道："反正我已经背了几条人命了，不管怎么样我都不会放了她。"说着，他用刀子在她脖颈上轻划了一刀。

一滴滴鲜血从她的脖子里流出来。她哭了，她觉得今天也许就是她的末日。

劫匪问她："害怕了？"

她摇摇头说："我只是觉得对不起我哥。我爸妈去世得早，是哥哥把我养大，供我上学直到工作。他现在28了还没结婚，唉……看见你我就想起我哥了，你俩的年龄都差不多。"

歹徒的刀悄然从她脖子上滑落，但仍狠心地说："那你可真是够不幸的。"

周围的警察还在不停地喊话，可绑匪置若罔闻，一心听她讲述她哥哥的故事。他已穷途末路，甚至还在这辆车上装了雷管，做好了鱼死网破的打算，可这会儿他竟很想找个人聊聊天。或许是被这个女孩的命运触动，他想起了自己悲惨的身世：他的爸妈早已离婚，身边只有一个妹妹，他供妹妹上了大学，可自己却成了这副模样。他不敢让妹妹知道。

劫匪看着这个女孩边流泪边讲述她和哥哥之间的温情时刻，忽然有些晃神，而后抬头望着远处的警察，愣怔了一瞬，鬼使神差地将自己手机掏出来，塞到了她手里："来，给你哥打个电话吧。"

她平静地接过手机，意识到这将是她与哥哥的最后一次通话，于是带着笑意问："哥，你在家吗？我还要加会班，就先不回去了。"

他的妹妹也和他说过这样的话。看着这个被自己劫持的人，听着她和自己哥哥的对话，劫匪伏在方向盘上哭了。他说："你走吧。"

她怀疑自己听错了。"赶紧走！别让我反悔！说不定一分钟后，我就后悔了！"

她忙下了车，往前走了几步又回头看了劫匪一眼。她万万没想到，正是这次通话挽救了她的生命。这一通电话，把抢劫犯心里残留的那一丝善心给惊醒了。就这样仅存的一丝善心让她活了下来！

警察趁机一拥而上将其制服，带回了警局。等待他的将是法律的制裁。

在这个故事中，劫匪与女孩的对峙展现了善恶的激烈交锋。劫匪深陷罪孽。他因过去的错误而深陷泥潭，无法自拔，甚至到了穷途末路，选择以极端的方式对抗社会。他的行为无疑是恶的体现。而被劫持的女孩的一番话如同一股清流。她以自己的纯真、坚韧和对家人的爱，触动了劫匪内心深处未被完全泯灭的善良，唤醒了他内心深处对家人的爱和对美好生活的向往。这种善良的觉醒，让他重新审视自己的行为和选择。最终，劫匪选择放下屠刀，放走女孩，实现了自我救赎。

善与恶，没有明显的边界：善良的人也会变坏，坏人也会变好。这要看周围的环境给他们造成了怎样的影响。所以我们要守护好内心的善良，以无所求之心培养善心善行，方能得到"极乐"的赠予。

善恶之间界限并不明显，所以守护本心显得尤为重要。一心向善，以无所求之心培养善心善行，才能保持内心的纯净与坚定，使心灵得到真正的升华。

善念终会结出善果。当我们伸出手去拯救别人的时候，也是在拯救自己的心灵。善良是一种强大的力量，可以让我们战胜黑暗，看到光明，可以唤醒美好的事物。以善为本，延己及人，便能洞穿黑暗，开启心与心的信赖与共鸣。

在印度，有一个叫格依玛的村庄。那里土地贫瘠，人们十分穷困，甚至连填饱肚子都成了问题。村民们一直找不到解决之道。

而离格依玛村不远有一条破烂的公路,经过那里的车辆经常发生事故。有一次,一辆装载着食物的货车翻进了沟里。司机受了伤,拦车去了医院,而那些货物无人看管。村民见状,就将散落的食物拿回了家里。于是,一连好几天,家家户户都有东西吃了。

这件事给了当地人以启发,他们打上这条路的主意。但毕竟车祸不会经常发生,于是,他们携带工具,在夜里将公路的路面挖得坑坑洼洼。

从此之后,来往的车辆在那里出事故的次数多起来。即使车辆不出事故,也因路况太差,行驶的速度都会大大减缓,村民们会尾随着车辆,趁司机不注意,偷偷地从车厢拿走一些他们所需要的东西。

最初他们只是偷拿一些食物,后来发展到无论任何货物他们也去拿,然后送到市场卖钱。再后来,他们就开始明目张胆地抢劫了。

一时间,那条公路变成最危险的路段,当地的警察局不时抓到抢货的村民,即使有人判了刑,但仍然无法制止抢劫事件的发生。村民反而学会了更加隐蔽地作案,有专人负责望风,抢到货物后就藏起来,让警察抓不到把柄。当地的政府想了很多办法,试图引导村民走上正路,可是村民们已经从哄抢货物中尝到了甜头,无法收手。

后来,货车司机们干脆选择了绕开格依玛路段,这样一来,村民很长一段时间里都没有收获。

有一天,一辆货车从那里经过,车上装的是一袋袋工业淀粉。

第二章 不生歹念

格依玛村人没有什么文化,他们认为淀粉就是粮食,可以制成食物。于是众人一哄而上,抢走了车上所有的淀粉。

司机追进了村子,请求村民归还他的货物,但村民怎么会把到手的东西交出来。小伙子百般恳求都没有用,只得告诉村民们,那些淀粉是工业淀粉,不能食用,吃了会死人。但格依玛村人都不相信,因为这种淀粉无论是从色泽还是手感上,都与他们平时吃的淀粉毫无区别。小伙子本想去报案,但是他又担心自己一离开,有人将那些淀粉做成食品吃了,会闹出人命的。他不能眼睁睁地看着这些人去送死。

他一家家地登门去说明情况,甚至向村民们下跪请求:"那些淀粉我不要了,但求求你们,千万别吃那些淀粉,那样是会死人的。"

小伙子的诚心打动了村民,有人就用淀粉喂鸡,结果,吃了这种淀粉的鸡不一会儿就死了。这时候,村民们吓坏了,如果不是小伙子的劝阻,一村的人都会没命了。他们抢了小伙子的货,小伙子理应怨恨他们,即使他们吃了那种淀粉被毒死,也是罪有应得。可小伙子为拯救他们的生命,不惜给他们下跪。这样的善良让村民们羞愧难当,又感动不已。

于是,村民们自发地将淀粉送到了小伙子的车上。此后,格依玛村人再也没偷抢过货物。他们说:"还是想想那个好心人吧。我们伤害了他,他却救了我们全村人的命,我们还有脸继续干这种伤害别人的勾当吗?"

一个年轻人的善良居然解决了警察长期解决不了的难题,更重要的是，他改变了村民的心念。

这个故事让我们见证了人性中善恶的激烈碰撞和由恶向善的最终转化。起初，在恶念的驱使下，村民因贫困而走上偷窃之路。然而，在遇到善良的货车司机后出现了转机。司机不仅没有让他们赔偿损失，还苦劝并下跪以保村民生命安全。这种无私的善良与坚持如同明灯，照亮了村民心中的黑暗，守护了他们的内心净土。村民们从最初的贪婪与自私，转变为知错能改、心怀感激。这一过程是善恶交锋后，善念最终占据上风的结果。

在善恶交织的世界中，守护内心净土至关重要。

一是在人生的旅途中，我们应常怀感恩之心，铭记来自亲人、师长乃至陌生人的每一份恩情，并以实际行动回馈这份温暖。同时，将爱心与善良融入日常生活的点滴之中，用理解与宽容搭建起人与人之间的桥梁，共同营造一个和谐美好的社会环境。

二是面对世界的纷扰与诱惑，我们应坚守内心的纯净与善良，但行善事，莫问前程。在给予的过程中，我们不仅能够帮助他人，更能收获内心的满足与喜悦。

三是为了更好地守护这份善良，我们还需要不断追求自我提升。通过学习、反思、实践来认识善与恶的性质和边界，增强自己的判断力，进而约束自己的言行，避免被外界负面因素所影响。

不论我们选择什么样的人生，都要守护好内心的善良。善良是我们最宝贵的品质，它使我们面对困难时仍能抱有信心，在取得胜利时仍能保持谦虚。守护善良，就是守护自己的灵魂，让它在时间的冲刷下变得更加纯粹与明亮。唯有心中有善，方能包容世间万物。

第三章 不虚伪

　　都说知人知面不知心,画皮画虎难画骨,人心不同,各如其面。但虚伪的套路只能赢得一时,真诚的相处才能赢得长久。真诚,是与人交心的态度,更是一种由内而外的心境。正如程颐所言"以诚待人者,人亦诚而应",只有当你心怀真诚,才能赢得对方的尊重。

虚伪——你到底想要掩盖什么

有人不停地装好人、装清高、装热情、装高知、装无辜，给真实的自己包装了一层又一层，这就是虚伪的表现。

这样的生活有意思吗？我们到底想掩盖什么？

其实，虚伪不仅仅是一种行为的伪装，更是内心深处某种恐惧、不安或欲望的投射。人之所以选择虚伪，就是为了掩饰自己的弱点、错误，或者未能达成的期望。也许是为了掩盖自身的不足，担心败露后被人耻笑；也许是因为躲避过往的错误，不愿意负责，才会用谎言织成网困住自己；抑或者，为了某些利益，他们愿意舍弃自己的真心与底线，以换取表面的和谐与认可。但虚伪的壳再坚硬，也终有破碎的一天。

有一个书生因为像晋人车胤那样借萤火夜读，在乡里出了名，乡里的人都十分敬佩他的所作所为。一天早晨，有一人去拜访他，想向他求教。可是这位书生的家人告诉拜访者，说书生不在家，已经出门了。来拜访的人十分不解地问："哪里有夜里借萤火读书，学一个通宵，而清晨大好的时光不读书却去干别的杂事的道理？"家人如实地回答说："没有其他的原因，主要是因为要捕萤，所以一大早出去了，到黄昏的时候就会回来的。"

这则故事让人觉得好笑,车胤夜读是真的勤奋好学,而这个虚伪的书生真的也这么好学吗?大白天不看书,反倒出门去捉萤火虫,傍晚又回来装模作样地表演一番,这不是本末倒置吗?虽然有"名",却名不副实,长久下去必然会有所暴露。凭借着一时的投机和哗众取宠,"名"又能维持几何?不过是昙花一现罢了。到那时,这位"名人"便也不再风光了。

虚名能给人心理带来一时的满足感,这也是为什么许多人都热衷追求虚名的原因所在。但争名也不免为其所累,误了一生。事实上只要想通了,这些虚名就只是一个幌子,并不算什么。

许多人视"虚"为处世准则,以求一己之私,实现某种生存的目的。可很多时候我们往往连自己都看不清,更不知道自己的需求究竟是什么。我们什么都想要,或是好形象,或是权力,或是金钱,或是爱,或是尊敬,或是其他,可所求并不一定是我们所需,只是欲望的体现。

一直以来,小郭都对父母耿耿于怀。幼年的时候,父母不在家,有一次她打翻了热水瓶,右脸被严重烫伤,从此留下了难看的疤痕。

为了她的婚事,母亲可谓是操碎了心,求亲戚托朋友,相亲的对象一个接着一个,可就是没有人瞧得上她。看着女儿死活嫁不出去,母亲心里也不是滋味!

小郭大学毕业那年,老妈联系了一家整容医院,抱着试一试的态度,带着小郭进行了形象改造。恢复期过后,小郭脸上原来难看的黑疤终于被光滑的"皮肤"所掩盖,整张脸看起来毫无瑕疵。从此,小郭仿佛迎来了新生,很快就找到了情感的归宿。

一个名叫小冰的网络公司程序员偶然间遇到了隔壁公司的小郭,对她一见钟情。在小冰强烈的攻势下,二人坠入了爱河。

谈了一段时间后,双方都对彼此很满意,于是小郭就安排小冰和自己的父母见面。小郭的父母对这个准女婿十分中意,因为他年轻有为,不到三十就有了属于自己的房产和汽车。

小冰这边也顺势邀请小郭到老家玩,说父母想见见未来的儿媳妇。可当小郭掂着丰厚的礼品来到小冰家,看到小冰的父亲时,小郭一下子怔住了!原来他就是给自己整容的医生!可他好像装作不认识小郭一样,态度和蔼可亲,谈笑自如。

很快,两家人就商量起了小郭和小冰的婚事,并定了吉日。结婚当天,小郭激动地对小冰说道:"这房子真漂亮,一定花了不少钱吧?"小冰醉醺醺地说道:"其实一分钱都没有花,这是我姨妈的房子,车子也是我爸从朋友那里租来的……"小郭感觉自己受到了欺瞒,气愤地说道:"你这个虚伪的家伙,为什么要骗我?"小冰轻蔑地说:"我虚伪?你比我更虚伪!我的车和房是别人的,可是你连脸都是假的!"

小郭这才恍然大悟,原来对方早就从他父亲的口中知道了真相。

二人因此撕破了脸,最终取消了婚礼。

小郭和小冰之所以虚伪，全在于自卑。从小郭的角度来看，她幼年的疤痕是心中的一个痛点，影响着她的自信和社交生活。出于对外界评判的恐惧和逃避，她选择了整容。整容虽让她的外貌和内心重获新生，可也成了一个不能提及的秘密。而小冰的虚伪也和小郭如出一辙，只不过他美化的是自己的物质条件，故意将自己包装成一个事业有成、拥有房产和汽车的青年才俊，想以此抱得美人归。

　　然而，在两人关系深入、即将步入婚姻殿堂之际，这些谎言却逐一被揭穿。小冰的虚伪不仅伤害了小郭的感情，也损害了他自己的形象和信誉。他试图通过物质条件来包装自己，然而虚伪的面目总有崩裂的一天。当两人的虚伪被彼此揭穿时，他们的关系也随之破裂。

　　正所谓越没有才越在乎，才越拿来炫耀。当一个人处于极端的低自尊状态时，就会很轻易地被"虚伪"所俘获。他想通过这样的方式来证明自己的价值、幸福和所得，可却忘了人是为自己而活。太过在乎他人的想法，无异于给自己套上了一道锁链，最终失去了原先的模样。

　　人生本来就应该简单而纯粹，很多时候我们将自己过度包装反而不伦不类。每个人都有能力让自己的人生丰富多彩。也许你会经历挫折，也许这段路会走得格外沉重，但毕竟它是真实的，真实就是一种经历。只有将一点一滴的真实积累成自我，才能过上最鲜活的人生。

那些表里不一的"双面人"

人生最大的恐惧莫过于，活着活着却不知道自己是谁了。我们戴着一张假面混迹在人群中，成了他人眼中的那个人。

虚荣的人必定会有一些虚伪的表现和虚假的言行，虚假浮于表面，而虚伪则刻入内心。《庄子·盗跖》中云："子之道，狂狂汲汲，诈巧虚伪事也，非可以全真也，奚足论哉！"虚伪的人，表面一套背后一套，他们总是装着好人的样子，却干着上不了台面的事。虚伪说白了就是一种伪装，特别善于表演。人可以表现，但不可以表演，演技再好终归都会露馅，更别说演技差的人，必然出丑。虚伪的人，其实掩饰的是一颗卑琐的心，因为如果他足够优秀，就不必肆意地卖弄或作秀，除非他完全是徒有虚名。

刚大学毕业的小余在市里找到了一家设计公司的工作。

初到单位时，小余抱着对未来的美好期望，和大家一样，干劲十足。可还没到一个月，他的工作热情就已经耗光了。于是他开始趁没人注意的时候偷偷地在电脑上看网络小说；如果有人经过，他就快速地切换回工作页面。事实上，同事们都在忙各自的事情，并无人理会他。

小余每次"摸鱼"的时候就会暗自感慨，这些人是真够傻

第三章 不虚伪

的,又不是卖给老板了,一天天的"卷"什么呢?还是自己聪明,反正试用期的工资都是固定的,一天怎么过不是过。

心里虽这样想,可他也没少"卷"。他总能在关键时刻展现出超乎寻常的"工作效率"。

每当公司其他同事都在为项目忙得不可开交时,小余不是在厕所一待半个多小时,就是频繁地到茶水间接水,然后拉着某个同事谈论些子虚乌有的事。碍于面子,同事们也不好说什么,只是尴尬地笑笑,然后找个借口抓紧溜走。

可每每快到下班的时候,小余就仿佛"影帝上身"。只见他迅速"整理"好桌面,将文件堆成小山似的,再打开设计软件,手指在键盘上飞快地敲击,偶尔翻动几页设计稿,仿佛正沉浸在紧张的设计工作中。小余的这些举动每次都被下班前经过自己工位张经理看在眼里,张经理也因此对这个"努力"的年轻人格外有好感。

每当这时,小余大都头也不抬地"专心工作",只是偶尔"刚好"察觉到旁边的张经理,对领导报以微笑,转头又投入到工作当中。

就这样,小余坚持不懈地"忙"了一段时间,终于得到了张经理的青睐。

张经理在临下班的时候,快步走到正在工作的小余旁边,示意大家停一下手头工作,他有几句话想说。他拍了拍小余的肩膀,大声鼓励道:"小余,你这几天的努力我都看在眼里。你做得很好!"随即还拿出了一个大红包奖励小余。他转头看着忙碌但略显疲惫的其他员工道:"我们其他人也要向小余同志学习，学习他这种积极的、斗志昂扬的精神状态！只要你们都能像他一样努力，我也给你们奖励。"

随后，在部门会议上，张经理还特别表扬了小余，并宣布将给予他额外的奖金作为嘉奖。

这一决定在部门内引起了不小的波澜。那些真正忙碌、付出努力的员工们感到既委屈又不解。他们不明白为何一个平时懒散、关键时刻却擅长表演的人能得到如此高的评价。而小余则暗自得意，他享受着这份虚伪带来的荣誉和利益。

出于对他的信任，经理开始让他试着单独负责一个项目。但小余这次笑不出来了。他很惶恐，自知以自己的实力是完不成的，万一搞砸了岂不是要卷铺盖走人？可又转念一想，经理这么做估计也是想让我试试，我一个新人即便做得不好，他看我这么"辛苦"应该也不会说什么吧。

于是，他照旧上班追剧、打牌，然后临下班的时候疯狂敲键盘，时而皱眉，时而装作思考。等同事们都走了以后，点个外卖慢悠悠地品尝，吃完了再打几把游戏，然后在公司门口拍个照发朋友圈，配文"很久没看过凌晨的街道了"。

就这样过了半个月，小余仍不知道该怎么入手。眼看就要到交方案的时候了，迫于无奈，小余只能从网上照搬各路大神的设计思路，东拼西凑地做了个PPT给了客户。

结果方案刚给出去没多久，甲方的电话就打到了张经理那里，不仅一顿劈头盖脸地训斥，还放话不再跟公司合作。最后在张经理的再三道歉和保证下，对方表示可以再给一次机会，

第三章 不虚伪

但是要把设计这个方案的员工开除掉。

最终，公司按照甲方的要求，对小余作出了开除的决定。

不得不说，小余的演技真是炉火纯青啊！把在职场摸爬滚打了多年的张经理都欺骗了。他的这些行为看似高明，实则只能蒙骗一时。小余在公司初期展现出的"努力"与"高效"完全是基于伪装和表演。这种行为是典型的"表面工作"，即为了给他人留下好印象而进行的非实质性努力。其内在动机主要源于对工作的逃避和自我满足感的追求。他可能对设计工作本身缺乏兴趣或信心，因此通过摸鱼来逃避责任和挑战。同时，他也享受到了通过伪装获得他人认可（如张经理的表扬和奖励）所带来的短暂满足感。这种满足感进一步强化了他的行为模式，并逐渐扭曲自我认知，道德感淡化，导致他在项目交付期限临近时，只能抄袭应付，最终被辞退。

虚伪的人总是戴着面具，时间一长面具就长成了他的第二张脸，成为名副其实的"双面人"。如同镜中倒影与真实自我的交错，他们在外界面前展现出一副和蔼可亲、善解人意的面孔，背后却隐藏着截然不同的情感与动机。虚伪就如他的血液遍布全身，抽去虚伪，大概只存无德之躯。

所以，道德无法伪装。那些假仁假义者即便在道德的香屋里熏得满身香味，以此迷惑众人，但总有味道消散的那天——到时候他们的道德人设必然会土崩瓦解。

小尚单位有一个男孩，名叫小帆，平时总是在人前扮好人，背地里又说对方的坏话。

了解小帆的人都清楚，他表面看着和蔼可亲，没什么攻击性，实则是一个腹黑狡诈的老江湖。

小尚和小帆有一次交接工作，正好有事耽搁了交接得晚了。当时小帆一言不发，面无表情地从他面前经过。事后又在背后说他对待工作态度不认真，摆架子。

了解到他的为人后，小尚自然也避免和他有过多的接触。

半个月后，小尚单位来了一批新人，小帆就装模作样地和新人打得火热，眉眼变成了讨好别人的柔和神情。

小帆一直保持那副老好人的样子，无论别人是否需要帮助，他都主动去取悦别人，因此成了新人眼中最好的老员工。而他能交往的朋友也就是这些新人，毕竟了解他为人的同事都不愿意跟他打交道。而他因为取悦新人，也成了那个小群体里的红人。

在年度最佳员工评比中，他凭借新人的投票夺得第一。不过后来因为和一个新人起了冲突，他失去了所有人的支持，原形毕露后他就落单了。

小帆在单位以老好人形象示人，背后却爱说人闲话，是典型的表里不一的"双面人"。他通过取悦他人，利用新人的无知和好感来巩固自己的地位，实则这种建立在虚假之上的关系脆弱不堪，缺乏真诚与尊重的关系最终没撑多久就全面崩塌了。

像小帆这样通过讨好他人来得到社会认可的人很多。他们哪怕心里再怎么不愿意，表面上也会愿意去做，只为满足和取悦对方。在心理学上，这样的人被称为"讨好型人格"，是一种典型的人格障碍，通常表现为对自己的价值缺乏自信，同时极度希望获得他人的认可与赞扬，想给他人留下好印象，从而衍生出一系列行为来"美化"自己。

　　带着意图讨好他人只会让自己更难受，明明伪装出的是一种自己不习惯的行为，却甘愿披着羊皮潜伏在别人身旁，试图博取他人的好感。这样的虚伪会让自己承受"好人"的压力之苦，很可能会导致情绪失控。因此，讨好他人不如愉悦自己，按照自己的本意去生活就好。

　　想要找回真实的自己，就要丢掉虚伪的修饰和装点。我们可以学习克尔恺郭尔那样，多和自己的内心谈话。比如，多问问自己：我们对待自己的朋友跟对待自己的家人一样吗？我们在家里和在外面一样吗？我们是如何对待自己，又是如何对待陌生人呢？我们的真实想法是说出口或表现的那样吗？我们的根本动机和意图到底是什么？把答案分别写在两张纸上，一张是真实的自己，一张就是我们表现出的自己。对比这两张纸上的内容，找出其中的差异和冲突点。这些差异往往就是我们需要改变或调整的地方。然后根据对比结果，设定一些小而具体的目标，逐步改变。

　　人活于世，要时刻警醒自己不虚伪或许很难，但表现出自己简单而真实的一面要相对容易得多。依本性做人，纯净平淡，从容生活，就能收获许多快乐。

唯诚可以破天下之伪，唯实可以破天下之虚

"惟诚可以破天下之伪"强调的是真诚的力量。在一个充满虚伪表象的世界里，真诚如同穿透迷雾的阳光。真诚的人以其真实的内心、无伪的言行来对待他人和事物。例如在人际交往中，真诚的态度能让那些虚伪的面具无所遁形。当人们以真心相待时，那些虚假的逢迎、假意的承诺就会被识破。

虚伪让人盲目，真切、诚实则令人振作。虚伪的人生只会乌烟瘴气，而真感情却是坦坦荡荡。

如果我们成天沉浸在虚假的世界里，那么自己的一生也将浑浑噩噩，活到最后也不明白人生的意义何在。若我们真诚而独立，即便生命再短暂，也会如流星一般在夜空划出一道明亮的轨迹。

一个人立身处世，以什么原则作为做人的出发点，关系到你会成为一个怎样的人，因为对他人的态度是你的观念外化的表现。仰不愧于天，俯不怍于地。对人诚实、做事真实的人，在展现了自己本色的同时，也堂堂正正地立足于天地之间，无愧于心，无愧于人。

1928年，时年26岁的沈从文被时任中国公学校长的胡适聘为该校讲师。

在那以前，沈从文因其笔下"真情流露"而广受读者欢迎，

第三章 不虚伪

在文坛享有很高的声望，但他给大学生讲课却是头一回。为此，他仔细备课，精心编定了讲义，做了充分的准备。不过，当他站在讲台上看到教室里黑压压一片的时候，还是不免紧张起来。

沈从文站在教室里，看着底下座无虚席，足足十多分钟，说不出一句话来。后来调整好状态终于开始讲课时，他因为太过紧张，把自己的备课稿件念了一通，而事先设计在中间插讲的内容全都忘得一干二净。结果，原本安排充足的课程十分钟就讲完了。课堂上剩下的时间该怎么办？他急得满头大汗。

好在他很快冷静了下来。他并没有为了所谓的"面子"天南地北地瞎扯，而是转身用一支粉笔在黑板上写下："今天是我第一次上课，人很多，我害怕了！"这老实可爱的坦言"害怕"，引起全堂一阵善意的笑声。

胡适深知沈从文的学识、潜力和为人，在听说这次讲课的经过后，不仅没有批评，反而不失幽默地说："沈从文的第一次上课成功了！"后来，一位当时听过这堂课的学生在文章中写道，沈先生的坦率赤诚令人钦佩，这是有生以来听过的最有意义的一堂课。

沈从文在面对首次授课的巨大压力时，没有选择掩饰自己的紧张和恐惧，而是勇敢地承认了自己的不足和害怕。这种自我接纳的诚实态度，是心理健康的重要标志。这表明沈从文能够正视自己的情感状态，不逃避、不掩饰。这是建立自信和赢得他人尊重的第一步。

真诚的人懂得倾听，用心去感受对方的情绪与故事，以真诚的回馈建立起彼此间的信任与连接。

从心理学的角度来看，诚实的人是对自身认识和情感表达保持一致的典范。他们不但具有很强的自我接受能力，能面对和接纳自己的各个方面，更是在与人相处中表现出令人敬佩的透明感。这种透明感是建立在深刻理解自己情感与需求的基础上的真实表达，源于对自身情感的敏锐感知和高效管控。与此同时，诚实也是一种高度的社交智慧。它需要个人在表达自己的时候，能够顾及别人的情绪和需求，达到自我表达与同理心平衡的状态。

真诚的人懂得倾听。他们用心去感受对方的情绪与故事，以真诚的回馈建立起彼此间的信任与连接。

怎样才能做到"诚实"？以下几点很重要：

一是虚心处世，不矫揉造作、不夹私见；有错就认，及时改正，不给自己找借口、掩饰。

二是正确评估自己的实际能力与水平，不过度追求名利。以朴实、廉洁、正直为本体，讲实话，不阿谀奉承、不颠倒黑白。

三是诚心待人。对待别人要真诚，不得掺杂半点虚伪，不可玩弄权术，不可区别对待贫富贵贱，更不可以攻击别人的隐私或在背后诋毁别人。要做一个胸怀开阔、光明磊落、心底无私的人。

第四章 不放纵

康德曾说:"所谓自由,不是随心所欲,而是自我主宰。"做人自律是一种能力,更是一种素质。能够约束自己的人是有抱负的人,是有理想和远见的人,更是有智慧的人。做最好的自己,就是自律之人。

一味放纵会失去自我

一些神经学家认为，我们虽然只有一个大脑，但会有两个自我。一个自我任性妄为、贪图享乐，被称为冲动的自我；另一个自我严于自律、目光长远，被称作理智的自我。每当我们做决定时，大脑都会在两个自我之间摇摆不定，最终其中一个自我打败另一个自我。放纵就是冲动自我战胜了理智自我。

放纵的人有多可怕？喜欢美食，便无节制地吃，即便自己已经高血糖、高血脂；喜欢饮酒，便无节制地喝，喝到酒精中毒、胃出血也毫不收敛；喜欢抽烟，便一包接一包地吞云吐雾，直到出现肺炎和心脑血管问题都还戒不掉；喜欢追剧、看短视频、打游戏，便没日没夜，不但成了近视眼，还把身体熬出了其他毛病；喜欢乱花钱，看到什么都想买买买，即使每个月月吃馒头、咸菜，也要提前消费为"心头好"分期付款。

放纵，让一个人在混沌中虚度光阴，毫无意义地消耗着生命。随着肉体与意志的不断堕落，也就失去了对人生的控制，离毁灭也就不远了。

有一档节目，曾经跟拍过一位体重达100千克宅女的一天。

这位名叫小舞的宅女目前和她男朋友住在一起。第二天一早，男朋友已经出门上班，小舞还在睡觉，一点儿起床的意思都没有。临近正午时分，小舞才悠悠醒过来，拿出最喜欢吃的

第四章 不放纵

甜面包，美滋滋地啃了起来。

到了下午两点，她靠在椅子上打起了电玩，边打游戏还边往嘴里塞零食。一直玩到下午四点多钟，觉得有些累了就倒头大睡。

晚上六点，她独自一人吃饭。一大碗米饭，再加上大量的萝卜泥和橙醋，小舞三下五除二就解决了。

晚上九点，小舞开始做男友最爱吃的炸鸡块，炸了足足有三人份。

晚上十一点钟，男朋友拎着冰激凌回来了。一直工作到深夜的男朋友，总算是有机会吃饭了。而站在他身边的小舞，虽然早就吃了晚饭，但她的目光依旧落在炸鸡上。

男友问："要吃吗？"

小舞笑了："嗯，那我就只吃一点。"

结果，一整盘炸鸡基本都被她吃光。到最后，她甚至将男友的米饭都抢过来吃。吃完最后一口炸鸡，又吃完男友带回来的冰淇淋，小舞马上钻进了被窝。

男友向节目组吐槽："她一直都是这样。差不多十分钟过后就会听到她打呼噜的声音。完全不懂她为什么那么累。"

小舞不是吃和睡，就是玩游戏，并以此获取快乐。但这种短期的愉悦和满足感并不能让她长久地逃避现实的压力，只能进入下一轮重复的放纵中。这种不断放任自己、极度不自律的生活作息，让她失去了生活目标，每一天都过得浑浑噩噩。

放纵是不顾一切抛弃自己的行为。"傲不可长，欲不可纵，志不可满，乐不可极"。人的许多错误和悲剧都是从太过放肆开始的。当你对自己的欲望不加管制时，它就如同一匹脱缰的野马，一发不可收拾。人在两种情况下最易放纵：一是志得意满，忘乎所以；二是在绝望中、落难时，因为忍受不了、坚持不住，会选择自暴自弃。做人要有敬畏之心，要知道如何去珍惜，而不是一味地放纵。放纵是危险的人生游戏，必定会付出代价。就如同茨威格在《断头王后》中写过的一句话："她那时候还太年轻，不知道所有命运赠送的礼物，早已在暗中标好了价格。"

作家李尚龙说："在大城市里，搞废一个人的方式特别简单。给你一个安静狭小的空间，给你一根网线，最好再加一个外卖电话。好了，你开始废了。"

以前，小韩并不认同这种说法，直到身边出现了一个活生生的例子。

前不久，在一次同学会上，她遇到了好久不见的W君。原先那个瘦弱的青年，现在不仅胖，还严重脱发，俨然一副中年大叔的模样。和他聊了一会儿，小韩得知他从大学毕业后就一直在找工作，但换来换去都不满意。他觉得自己无法适应上班生活，所以干脆辞了工作，靠着父母给的生活费和一点儿网络兼职的收入度日。在家一年多，他足不出户，日夜颠倒，通宵玩电脑，零食不限量。

不知道是不是很久没有社交生活，小韩每次和他讲话，他的眼神总有些呆滞，像是反应一会儿才能明白对方在说什么。

小韩终于相信，长时间低质量地待在家里，真的可以让人的思想、外表，乃至人生都发生巨大改变。

人喜欢在舒适熟悉的环境中待着。而这种舒适区一旦建立,你就会变得无比依赖,慢慢地爱上周围的墙,恋上舒适的小屋,从而不愿意飞出去看看。正如故事中的 W 君,他逃避职场挑战,整日蜗居在家,日夜颠倒,沉迷于游戏与垃圾食品,逐渐丧失了自我控制力,也失去了与社会的紧密联系。社交隔离不仅限制了他获取外界信息的机会,还加剧了他的孤独感。这种生活方式不仅损害了他的身心健康,最终还不利于 W 君对人生的长远规划。

心理学上管 W 君这样的行为叫"花盆效应",指的是人们如果在舒适的"花盆"中待久了,就会不思进取、安于现状。当你对现状心满意足,日复一日地去做着同样的事情,不再将时间花在提升自己上,那么你的见识,将永远停留在原来的那块区域里。

放纵自己是一种享受,但也会让人误入歧途。随心所欲的结果必定是遍体鳞伤。为贪一时之欢而以事后的痛苦为代价,那就太不划算了。凡事都要有个限度,要懂得克制,切不可放纵自己。

一要做好充分的思想准备。自律的难度可能比我们过去遇到的最艰难的事还要困难得多。之所以这么说,是为了提醒大家别给自己的任务设置难度上限。如果该上限在我们的预想之内,我们还能够承受和坚持;若一旦超出预想,我们就会觉得困难加倍,受到打击,产生退缩的想法。

二要建立自律习惯。逐步培养自律意识,从日常小事做起,如定时作息、合理饮食、规律运动等。通过坚持这些习惯,我们可以增强自我控制力,减少放纵行为。

三要对自己的思想保持足够的警惕。别以为大脑想什么,我们都能一清二楚。有些时候,因为多巴胺带来的快感,大脑会直接发出动摇我们理智的指令，头脑中就经常会冒出"我为什么要这样""要不稍微歇会吧""再玩一把我就不玩了"的念头。每当这时，我们就要警惕起来，回想自己的目标和计划，不能让精神懈怠。

真正的自由，从来不是放纵，而是自我约束。生命本就是一个去芜存菁的过程。一味放纵，并不会让你感到更快乐，"从心所欲，不逾矩"或许才是最好的人生境界。

别让坏习惯掌控自己

习惯决定命运，这里面隐藏着人类本能的秘诀。

习惯在很大程度上决定着我们的思维方式和行为方式。日常的生活本身就是习惯的反复应用，而在遇到紧急情况时，根深蒂固的习惯更是条件反射地冲到最前面。所以，当我们的命运面临抉择时，往往是习惯影响了我们的决定。

好的习惯可以帮助我们取得成就，而坏的习惯会让我们一步一步沦为它的牺牲品。比如拖延，明知道有任务还没完成，却眼看着时间一分一秒地过去什么也没做，只剩焦虑不安；又如减肥计划，看到美食就停不下来，再好的减肥计划也只是计划。

在实际生活中，坏习惯往往更容易被我们接受，这是由于它与人类的劣根性相契合。而二者一旦结合，恶习就根深蒂固，很难根除了。

第四章 不放纵

前几年，小雨在朋友的生日聚会上认识了一个姐姐。俩人性格都很好，于是很快就熟络了起来。彼此从工作聊到生活，最后还相约要一起出去旅游。

小雨自从听完这个姐姐对自己生活的描述后，就特别羡慕她的快意人生，而后想想自己的生活，心里不免有些失落。自己目前的薪资水平虽然和她不相上下，但也只敢偶尔喝杯星巴克小资一回，就连品牌的衣服、鞋子都是挑打折的时候买。一年到头旅游的次数屈指可数，什么时候、去哪儿都得跟着特价机票走，住的还是六人一间的民宿。再看看人家，早就已经买了一台昂贵的进口咖啡机，优雅地过上了每天喝现磨咖啡的日子，奢侈品牌的高跟鞋买了一双又一双，眼睛都不带眨的；还有旅游，才那么年轻都已经走遍了欧洲，还去了北极。

小雨心里不知道有多羡慕和崇拜小姐姐，羡慕她能够潇洒地做自己想做的事情，毫不犹豫地买下喜欢的东西，不用沾染生活的烟火气息。

可直到最近，小雨偶然间从好友口中得知，那个姐姐现在过得甚是狼狈。原本稳定的工作单位竟开始裁员，而她就是被辞退的员工之一。她没有存款、没有爱人，只能一边找工作，一边靠父母接济。

小雨当初有多羡慕，如今就有多为小姐姐感到惋惜。她想如果之前小姐姐没有那么大手笔、毫无顾忌地花钱，现在至少还能有属于自己的一笔存款，也不至于沦落到这般模样。

这位潇洒的姐姐看似先人一步享受人生，但实际上所谓的享受是通过对金钱的提前透支来满足的。她过于注重外在的物质表现，而忽视了内在的价值和真正的幸福来源。她在享受高品质生活时，没有建立起合理的预算和储蓄计划，最终因盲目追求物质享受，忽视了财务规划的重要性，导致在面临困境时束手无策。

坏习惯反映了我们敏感的生存本能，一点儿不舒服都有可能将其引发。从本质上说，坏习惯的存在是为了暂时营造出一种安全感、控制感和舒适感，是一种权宜之计，长此以往就只会伤害我们自己。这些坏习惯也会引起一连串的反应，就像多米诺骨牌一样，一个倒下就会牵扯着另一个也倒下，循环往复，从而打乱我们的生活节奏。

小婉是一个自由职业者，主要运营自己的自媒体账号。每当她坐到桌前打开电脑准备工作的时候，总忍不住要先吃一些零食，或者把玩一会儿抽屉里的化妆品。时间一分一秒地过去，看似在电脑前一坐一下午，其实什么都没做。

任务一拖再拖，心里想着先吃一点东西补充能量吧，或者先看看娱乐新闻，也无伤大雅的。越是这么想着，拖延就越严重，焦虑和压力也蜂拥而至。

因为做自媒体的原因，小婉每天都会收到大量的读者私信，每天早上醒来微信都处于一种快要炸掉的状态，很难一一回复，又担心错过重要信息。于是，她养成了时时刻刻浏览手机的习惯，甚至在刷牙的时候都把手机揣在兜里，刷完牙就急匆匆拿出来看一眼。

压力与日俱增，小婉身心俱疲。

回顾小婉的问题，我们会发现：她总在无聊的事情上浪费时间，比如零食、抽屉里的化妆品。另外，她对时间的规划不科学。如果她能够像建议中提到的那样，每天固定好时间专门回复消息，生活节奏就不会被搅得一团糟。

这在心理学上其实是一种压力过大后产生的心理补偿机制。它是指当个体由于各种主客观因素造成心理不安和失衡时，会用新的方式来缓解或消除不安感，以实现心理平衡。其目的是避免个体因心理压力过大而陷入极端。

任何人都会有不同程度的不良习惯，无论是生理性坏习惯（暴饮暴食、吸烟、熬夜等），还是行动性坏习惯（上网、乱花钱、拖延症等）。很多时候，我们明明清楚这些习惯并不好，却还是改不了；若是强迫自己克制，反而会让做这件事的欲望更加强烈。

所以，要尽早改掉坏习惯，同时还要培养新的、对自身发展有益的好习惯。坏习惯在大脑中是以一个独立的神经回路存在的，要想完全戒除，覆盖这个旧的神经回路，就必须要对新的好习惯进行重复的训练。

习惯会影响我们生活的态度和方式，最终影响我们生活的质量。因此，我们必须重视生活中的各种习惯，改变错误的习惯，养成好的习惯。如果你不满意现在的生活，就努力去改变曾经的习惯，换一种生活方式，你会发现生活原来是美好的。

平衡，从节制开始

节制是平衡欲望与生活的关键。正如本杰明·富兰克林在他的传记里所说，"完美的人格"由十三项品德构成，而排在第一位的便是"节制"。他的原话是这样的："食不过饱，饮不过量。"节制能使人头脑清醒、思维敏捷、提升效率。

具有较高素养的人，必然注重节制之道，不仅节制使用物品，还会节制自己的欲望。无论身心，都不放纵自己，不会有非分之想，不会有过度之求，凡事适可而止。只有这样，才能使自己的身心处于一种健康、愉悦、和谐的状态。

小顾回忆起自己年轻时的一段经历，唏嘘不已。

那时的她才不过二十出头，正值青春年少，活力四射。她不仅人缘好，胃口也好，经常和几个朋友相约在烧烤店，喝酒吃肉，大快朵颐，尽享欢聚之乐。就算一个人在家，她也不闲着，总是会钻研各种各样的美味来解馋。她似乎永远没有吃够的时候，只要是自己喜欢的，她就拼命往嘴巴里塞，即使饱了还要再点杯奶茶溜溜缝儿。

有一次，她和一位不太熟悉的异性朋友一起吃饭。那个饭局，

第四章 不放纵

实际是家人安排的相亲局。当天,她连吃四碟羊肉,两碟凤爪后,惊呆了坐在对面的异性朋友。那人感慨地说:"你的胃口也太好了。"

可想而知,人生的第一场相亲,就这样收场。

由于贪恋美食,不懂节制,她如同被吹鼓的气球一般,以肉眼可见的速度胖了起来。最夸张的时候,她的体重增至一百七十斤。

胖胖的她,让母亲十分忧心,生怕她找不到男友。

为了让母亲宽心,也为了照顾好自己的身体,她决定开始减肥。

那是一个无比艰难的过程,尤其是在减肥之初,因为她要对抗的不仅是自己的原始欲望,还有自己的固有习惯。但她凭着坚强的毅力和坚定的决心,硬是坚持了下来:削减食量,告别高热量和高糖食物,不再放纵自己随便吃喝,还开启了锻炼计划。

刚开始,的确感觉很苦、很累、很残酷。渐渐地,她便感受到了节制的美好,并爱上了这种规律的生活。她发现,当她停止疯狂进食后,对食物的感觉竟然变得不一样了——原来小口品尝美食是如此享受。在慢慢瘦下来的同时,她的身体状况也越来越好,不仅情绪更平稳,工作效率也更高了。

小顾年轻时因贪恋美食,缺乏节制,导致体重激增,影响了生活质量和心理健康。她享受于满足口腹之欲的快感,却未意识到这种无节制的饮食习惯所带来的负面影响。面对母亲的担忧和自己的健康问题,她开始对食物的摄取有所节制，并通过运动逐步建立起健康的生活习惯。她学会了在享受与节制之间找到平衡，体验到了食物本身的美好，而非仅仅追求满足感。

生命是一场修行。一个人如果缺乏节制，就容易沉溺于眼前的舒适和快乐，失去成为更好的自己、得到更好生活的机会。

世间事物过犹不及。我们在纷繁复杂的诱惑面前，保持清醒的头脑和坚定的意志，能够分辨出真实的需要和瞬间的欲望。通过对自己意识和行动的控制，逐步培养对欲望的驾驭能力，不再被其盲目牵引。

节制，就是限制、控制，让自己减少欲望的行为和念头。所以，我们可以从身体和心理两方面进行自我调控。

一是身体上的休息。"停下来"最直接的体现就是身体上停下来，少吃一口肉，少喝一杯酒，少抽一支烟，少熬一回夜，少打一次游戏，多吃水果蔬菜，多以水代酒，多呼吸新鲜空气，多早睡早起，多看书，等等。

二是心理上的缓冲。除了让身体"停下来"以外，心灵也需要休息和放松。可以暂时把工作上的烦恼、生活上的琐事放下，用一些悠闲的生活方式代替那些坏习惯，让自己得到休息。比如，在草地上小憩一会儿，晒晒太阳，或者去泛着涟漪的湖边走走，为疲惫的内心注入新鲜空气。

节制就是在给身心减负，同时也是为了更好地思考未来的方向。欲望会随着时间、环境等不断变动；我们的目标和实施方案也应该根据实际情况而定。一个劲儿地往前冲并不可取。所以"停下来"很重要，有利于我们对当前的欲望状况进行分析，洞察容易被忽视的细节，回顾过往的不节制，从中获得启发，为下一步的自律行动指明方向。

第四章　不放纵

自律的人生会开挂

知乎上有这样一个问题：你最深刻的错误认识是什么？点赞最高的回答是：认为自己可以为所欲为，但最后才发现，只有自律的人才拥有真正的自由。

自律，是掌握人生的先决条件，也是治愈痛苦的良药。懒散与放纵只会吞噬我们的斗志，使我们陷于琐碎生活和对现状的不满之中。只有不断地自我约束，保持自律，才能打心底里觉得充实和安稳。

有一个女孩顺利考上了北京师大的英文系，但入学第一场英语测试却让她大跌眼镜：本以为考入这所学校证明自己的能力还是不错的，谁知道学霸多如牛毛，直接将她赶到了末位。她暗下决心，一定要努力提升自己，每天进步一点。

从那以后，她每天早上五点起床，在教学楼前的一片小树林中背单词、练口语，风雨无阻。当期末考试成绩出来后，所有人都震惊了，她竟一跃成为英文系的第一名。

认识到自律带来的好处后，她从此雷打不动地五点钟起床，利用早起的时间计划很多事情。这一习惯不但让她在四年的大学生活中年年获得国家奖学金，毕业后更是成为一名出色的作家和企业家。

女孩的故事可以说非常励志了。面对英语成绩的挫败，她以自律为舟，设定目标，每日清晨五点起床，风雨无阻地投入学习。这份坚持不仅让她英语成绩突飞猛进，更在大学四年中屡获国家奖学金。而这份自律也成为她提升自我的钥匙，帮她打开了通往成功的道路，在文学创作与商业领域大放异彩，创立了自己的品牌。女孩的经历证明，自律是塑造卓越人生的基石，它让梦想照进现实，引领我们不断攀登新的高峰。

这世间的所有辉煌都离不开长期自律。所有傲人的成绩，都是对日复一日、年复一年地坚持好习惯的回馈。

我们如何过一天，就如何过一生。在安逸中混日子，只能把自己拖垮，辜负人生；在自律中不断精进自己，就能慢慢得到自己想要的生活。

小谈本来是一个年轻有为的人，重点大学研究生毕业，一毕业就进入一家外资企业工作，并且很受领导的器重，可以说是高学历、高收入人士，家里又有娇妻爱女，周围的朋友都十分羡慕他。但就是这样一个前途无量的年轻人，却因为酗酒几乎使前途毁于一旦。

他原先并不是一个嗜酒如命的人，但因为工作的关系，必须要出席各种宴会，奔赴一些饭局。他的朋友也很多，时不时还要聚在一起把酒言欢。时间一长，小谈的酒量越来越大。

那天同学聚会，多年不见的同学，聚在一起格外忘情，免不了多喝几杯。

聚会结束以后，小谈一个人开车回家，醉眼蒙眬，视线模糊，恍惚中看到交警好像在查酒驾，于是一个慌乱就将车子冲向了路边的水泥墙。

等他醒来以后，他发现自己已经躺在了医院里。庆幸的是他只是受了点外伤，轻微脑震荡，身体其他地方都完好无损。可自己的驾照不但因此被吊销，还要交一千多元的罚款，真是得不偿失啊！

出院后的小谈发誓要戒酒，不想再因为喝酒经历那样的事了。

戒酒之路并非一帆风顺。起初，每当夜幕降临，那种对酒精的渴望就如同潮水般涌来，让他几乎无法抵挡。但他没有放弃，而是选择了更加积极健康的方式来应对。他开始不停地给自己找事情做，或者陪妻子一起读书、散步，陪女儿玩游戏、写字、唱歌，或者一下班就钻进厨房研究新菜品。每当酒瘾上来难受得无法抑制时，他会选择用茶和零卡零糖的饮料替代，还在医生的建议下服用一些辅助药物来帮助缓解这些症状。同时，他还加入了一个戒酒互助小组，与一群同样在戒酒路上挣扎的伙伴们相互鼓励、分享经验，还相约一起下棋、骑车。

随着时间的推移，小谈逐渐找回了曾经的自己，那个充满活力、对家庭充满责任感的男人。他的工作表现得到了上司的认可，家庭关系也重新变得和谐融洽。更重要的是，他重新找回了生活的乐趣和意义，不再需要酒精来填补内心的空虚。

小谈对饮酒的态度从最初的被迫应酬变为了主动接纳。这样的行为无异于是在为欲望大开方便之门，如果不是那次车祸事故的发生威胁到了自己的生命，可能他仍旧不会戒酒。多年习惯想要戒除，其难度可想而知。

心理学家曾经总结过这样的规律：自律的前期是兴奋的，中期是痛苦的，后期是享受的。大部分人都在自律的中期——痛苦期徘徊太久，以至于把痛苦当作自律。而当你自律到极致，你会发现：自律能够带给你发自内心的平静和享受。因为你知道，自己在一天天地改变，自律已经变成了一种深入骨髓的习惯。

那么，如何才能将自律坚持到底？

首先，方法要科学合理，微小且易于执行的目标更有利于我们坚持。比如"自律窗"理论：通过局部整洁激发自律感，启动正向循环，促使行动与状态双重提升，进而小改变逐渐累积成大成就。其次，即时反馈是提升自律的关键，就像故事中的小谈一样，戒酒的路中尝试很多种方法，每次尝试的反馈都在坚定自己的目标。更不会因为目标长远无法马上看到效果而导致懈怠。最后，集中精力做最重要的一件事。鉴于人的意志力有限，可以支配的时间也有限，所以要挑最重要的几件事情处理，避免任务过多分散精力——专注于一件事的效率要比同时解决几件事高很多。

第五章　不恶言

言语的力量往往比我们想象的更大,"与人善言,暖于布帛,伤人以言,深于矛戟"。我们一生大半的时间都在与人交谈,既如此,为什么不选择口吐善言呢?温暖的言辞如同春日暖阳,能迅速融化人与人之间的冰霜,让彼此的心灵得以靠近。

一句恶言，两败俱伤

说话作为人们最简单、最直接的表达方式，其重要性是不言而喻的。我们每天都在说话，有的人说起话来，娓娓动听，使人听了全身的筋骨都感觉舒服；有的人说起话来，一开口就让人感觉到讨厌。所以，语言是世界上最美丽的，也是最恶毒的东西：它能给人以希望和信心，也能使人伤心气愤、痛苦不已。

古语说："病从口入，祸从口出"。多少人因一时嘴快而招来别人的反感，给自己带来了灾难。这也是为什么佛家说"身口意"三业中，造"口业"是最容易的。所谓"口业"分四种：恶口——恶言相向，讥骂别人；妄语——无中生有，扭曲真相；两舌——挑拨是非，使人烦恼；绮语——甜言蜜语，迷惑他人。也就是说，不是只有语言粗俗、刻薄讥讽、谩骂他人才是恶言，满嘴跑火车、花言巧语、挑拨离间、搬弄是非的也属恶言之列。

恶言一出，覆水难收，由此造成的后果像滚雪球，将双方都拉入了一场无形的较量中。两人都陷入了消极的情感之中，何谈理智？最后不但影响了彼此之间的感情，引发矛盾和冲突，还可能带来一系列更严重的后果，比如恶言的传播导致个人名誉受损、工作不顺心、家庭矛盾加剧等等。"人言可畏，三人成虎"，恶言的破坏力之大可想而知。

山东有一户姓黄的人家，家里一共有三个儿子。黄大牛与黄二牛，各自娶妻，皆是贤良淑德，邻里间交口称赞。岁月流转，黄三牛亦到了婚龄，兄长们托媒人说亲为他寻觅了新妇喜儿。喜儿不仅貌美，还嘴甜，家中事务被她打理得井井有条，表面看上去一派和谐。

可时间一长，喜儿的真面目逐渐显露。她不仅为人小气，尖酸刻薄，而且对两位嫂嫂冷嘲热讽，不仅说大嫂吃的糖葫芦是用破衣裳换的，还造谣二嫂摘菜专挑烂菜叶子做饭。甚至制造事端把铁锤故意扔到地上砸坏东西，惹大哥生气，还辩解说自己只是不小心。

兄嫂都是善良之人，觉得都是一家人，并没有过多计较。可喜儿却觉得是没人敢招惹她，因此更加肆无忌惮。

一日，喜儿以害怕兄长私吞家产和分配不公为由，趁机向黄三牛提及分家之事。为了让黄三牛下定决心分家，她还暗中安排远房亲戚"偶遇"黄三牛，编造兄长们欲独吞家产的谎言，进一步加深了黄三牛的疑虑与不满。喜儿自己也没闲着，分别找到两位嫂嫂，让她们劝说自家丈夫早点同意分家。在喜儿的持续煽动下，黄三牛终于向兄长们提出了分家的要求。尽管兄长们百般劝阻，还是没能让他收回决定。黄大牛无奈之下便答应下来，以免日后闹得不可开交。

分家之日，兄弟三人坐在堂屋里将房屋、农田、粮食、财物一一平分。全部分完后就剩院子里的一棵古树，喜儿提出古树也要分。可古树是黄家老祖宗种下的，见证了黄家几代人的繁衍生息，可以说是黄家的象征。三兄弟谁也舍不得动手，只是默默地站在古树旁看着。回想起曾经一起生活的点点滴滴，黄三牛瞬间后悔，与哥哥们抱头痛哭，表示不分家了。兄弟们把话说开后，黄三牛才知道事情并不是他想的那样，兄弟们的感情也更胜从前。

黄大牛和黄二牛的媳妇听说不分家后欢喜不已，唯有喜儿表情阴沉，冷言冷语。黄三牛如梦初醒，意识到这一切都是喜儿的挑拨造成的，愤怒之下，他向喜儿提出了离婚。

分家的来龙去脉传到了乡邻们的耳朵，众人唏嘘不已。

现在，喜儿不仅失去了丈夫，更失去了在村中的立足之地，成为众人唾弃的对象。她的父母也因女儿的行为感到羞愧，去南方给儿子的店铺帮忙去了。

看似喜儿最终是因挑拨离间落得众叛亲离的下场，但故事的开头已告诉我们端倪。我们在喜儿身上几乎能看到所有"口业"的影子。喜儿初以花言巧语的伪装赢得人心，却逐渐显露尖酸刻薄、无中生有、挑拨离间的本性。她出言讥讽，暗指大嫂子生活拮据，又"中伤"二嫂子摘的是烂菜叶子，意图贬低二嫂子的勤劳和持家能力。讽刺与刻薄的言辞成了她的日常，无视他人感受，只为满足自身控制欲和优越感。与此同时，喜儿还不断制造家庭矛盾，利用黄三牛的单纯和信任，加深黄三牛对兄长们的误解和猜忌，甚至安排远房亲戚故意在黄三牛面前编造谎言，进一步加剧兄弟间的隔阂。这些行为不仅伤害了家庭成员间的感情，也导致黄家最终分裂。而喜儿的恶言也结出了恶果——让自己陷入了孤立无援的境地。

喜儿的行为是多种复杂心理因素交织的结果。她利用言辞的伪装来迷惑他人，以获取别人的信任；出于忌妒、控制欲、自我为中心或是对现实的不满，通过编造不实之词来贬低他人或制造混乱，以此寻求心理上的平衡或优越感；利用他人的猜疑心理和信任关系的脆弱性，作为第三方介入进行挑拨，打破他们之间原本的信任关系，导致不和与冲突的产生。

如果说喜儿的无中生有、花言巧语、挑拨离间、刻薄讽刺等是她的语言写照，那么，强烈的忌妒欲、控制欲、以自我为中心和破坏欲就是她的心理写照。

"一言足以召大祸，故古人守口如瓶，惟恐其覆坠也；一行足以玷终身，故古人饬躬若璧，惟恐有瑕疵也。"这句话的意思是：一句不慎重的话就可以招来大祸，所以古时候的人说话都十分慎重，唯恐招来杀身之祸；一次失当的行为足以玷污一生的名节，所以古时候的人都守身如玉，就怕做错了事玷污了自身的清白。

为避免恶言伤人，我们应学会谨言慎行。首先，我们要学会如何控制自己的情绪。这是防止口出恶言的首要步骤，确保自己是在平静状态下与对方进行沟通。其次，要站在别人的立场上，设身处地地去理解别人的感受，选择温和理智的言辞。再次，明确沟通目的，采用积极的言语代替消极的谴责，多听少讲，从而降低误会。在表述的时候，描述感受而非直接指责，寻找共同点以增进理解。最后，培养正念与慈悲心，让沟通充满包容和谅解。

人生在世，与人交谈是在所难免的，可上天让我们长了嘴巴，绝不是让我们用恶语伤人。正所谓"赠人玫瑰，手有余香"。说话也是一样，多讲一些赞美、鼓励的话,不但能使对方身心愉悦,还能让彼此的关系更加和谐融洽。

犀利?不,那是恶语的伪装

我们身边总是有人称自己是"直性子",口无遮拦,怎么想就怎么说。说话直白并没有错,但前提是要尊重别人,实事求是,不夸大,不捏造,打着"心直口快"的幌子无所顾忌地伤害别人,就是一种自私。

"刀子嘴"言辞犀利,用时髦的说法就是"毒舌"。从心理学的角度来看,它是一种讲话方式和处事态度,指用歹毒的措辞,让语言被施加者感到头皮发麻、恶心不适、抑郁不快、沮丧失落等。他们通过这样的方式去宣泄心中积压的负面情绪,却让听者承受巨大压力。有些人心地善良,也确实是为对方考虑,却因口不择言,将自己的善意扭曲成了恶意,尽管可能是"豆腐心"。但谁会为了磨炼自己的心理承受能力,天天被"刀子嘴"折磨?况且,有些"刀子嘴"的人实则也是"刀子心",明目张胆地中伤别人。

法国著名作家巴尔扎克成名后内心极度膨胀,变得越发自负、武断。

有位老太太为了让他察觉到自己做人的坏习惯,拿着一本发黄的小学生作文本对巴尔扎克说:"亲爱的巴尔扎克先生,您是一位了不起的大作家。所以我想请您看看这个孩子的文章水平如何?今后有没有文学前途?"

巴尔扎克看完后,斩钉截铁地说:"请恕我直言。这个孩子用词造句一点都不通顺,从潦草的字迹就能看出其态度马虎,他今后不会有什么很大的成就。"

"真的吗?"老太太似乎很吃惊。她接着说,"不过,亲爱的巴尔扎克先生,那个孩子如今已成为享誉全球的大作家了!难道您没看出这是您小时候的笔迹吗?"

巴尔扎克这才认出老太太是自己的启蒙老师。他羞愧地站起来说:"没想到时隔多年,您竟然还保留着我小时候的作文本。谢谢您又为我上了一课。"

从此以后,巴尔扎克为人处世都不再自以为是了。

在这则故事中,巴尔扎克除自负、武断外,最大的问题就是说话太不友好。诚然,他童年时代的写作能力确实很差,故而对这一点的批评也并非没道理,但他的最后一句话,却显示了一种高高在上的优越感。只可惜,搬起石头砸自己的脚,他用最犀利的语言"打脸"了年幼的自己,也算是对他的一种警示。

言辞犀利的人最爱批判、攻击他人的弱点,尤其是摧毁他人的自信与自尊。这些毒舌的人无处不在,有的是素不相识的陌生人,有的则是我们周围的亲朋挚友。前者素不相干,即便再毒舌我们也能一笑置之;后者的恶言毒语才最为致命——看似轻飘飘的一句话,却能给我们带来毁灭性的打击,因为被自己最在意的人否定,会让我们的信任与依赖瞬间崩塌。

一次好友聚会，宁宁大倒苦水，说在竞争激烈的公司存在感太低：同事当她是跑腿的小姑娘，在上司的眼里也是个无关紧要的小虾米，升职加薪的机会很少，所以打算趁自己还年轻的时候，慢慢转行做投资者关系管理。宁宁认为，在香港金融行业还是很有前景的，而且这个工作门槛低，如果做得好提成也是相当不错的，只要自己努力储备人脉，总有一天会出人头地。

大家的鼓励之词还没有说出口，就听到旁边以业内人士自居的小胜突然拔尖了嗓子，开始絮絮叨叨发表意见："投资者关系管理类的工作不适合你啊，你看你性格内向，朋友少而且都不是金融圈的人；不像我，朋友都是搞金融的，一入职就可以带关系甚至带资金进公司。你也做不来这么专业的工作，你学新闻的，平时也就写写新闻稿，我估计你连财务报表都不会看吧。"

气氛瞬间尴尬了起来，宁宁抿了抿嘴唇，低头看着自己的手机不说话。这时候，有姐妹出来打圆场："投资者关系管理不一定要看财务报表嘛，宁宁认识的人也不少，虽然目前金融圈的朋友不多，但是朋友介绍朋友，慢慢不就多了嘛。"

小胜却是不依不饶："我只是实话实说，她什么都不会，与其让宁宁接连碰壁，最后什么事都做不好，还不如让她死了这条心，一般半路出家的都成不了事。"最后，她还不忘补上一句，"我这人说话直，你别介意啊！"

宁宁气呼呼地离开了餐桌。小胜见状还一脸委屈地说："我这么说也是为了她好，她怎么就这么走了呢？"其他姐妹听完这句话后全都无语了，最后大家不欢而散。

是宁宁玻璃心吗？当然不是。小胜的这番"好意"任谁都觉得不像是在提建议，倒像是在通过贬低宁宁来抬高自己，彰显自我优越感。她缺乏同理心，未考虑宁宁的感受；受认知偏见影响，对宁宁的能力做出片面评价。从某种角度而言，小胜的话是一种防御性措施，对宁宁转行计划有着潜在的否定，抱着"你也不能好"的心态给出了犀利的建议，实则就是贬低和打击对方。像小胜这样的"好意"谁敢领受呢？

小胜这样毒舌的人，总是在发现和纠正对方的过错中得到心灵上的快感。他们也渴望力所能及地改变别人的错误，却往往忽略了一点：没有人希望自己的行动和决定被人大加指责，更不愿意被人找到并指出自己的缺点和错误。

聪明人多在意的是言语本身是否有道理，而不在乎说话者的态度和语气，然而并非每个人都具备这样的胸襟与智慧。多数人的最初反应通常是看别人说话是否刺耳，然后才将思维放在说话的内容上。所以，说什么固然重要，但该怎么说更重要。

此外，选择合适的场合交流同样关键。避免在公开或敏感场合直言不讳，以免让对方感到尴尬或被冒犯。尽量在私下、友好的氛围中沟通，既保护对方尊严，也确保信息有效传达，营造和谐沟通氛围。

讲话也是一门艺术。与他人交流时，我们要避免"说教"，尊重他人的独特性与自主性，多鼓励他人，而不是强迫对方认同自己的观点；忠言不一定非要逆耳，温和、正面的表达方式也许更能让对方听进去；切记不揭人短，注意保护别人的自尊心，这样才能维护彼此之间的信赖关系。

每个人都有自己的生活方式和处事原则，我们无法要求每个人都按照我们的期望去做，但我们可以做的是，尊重他人的选择，尊重他人的感受，用心去倾听，用心去理解，用心去关爱，用心去建立良好的人际关系。

良言一句三冬暖

有人说言语是思想的衣裳，谈吐是行动的羽翼。一个善于与人交谈，并能用自己恰当的语言吸引别人注意力的人，多能使他人倾倒，使他人去掉戒心，更愿意接近他。人与人之间，一句鼓励、肯定、理解的话语，如同冬日里的一缕阳光，能够穿透寒冷，让人感到无比的温暖；不仅能够保护个人的自尊心和自信心，还可以增进人们的感情联系，加深人与人之间的理解和信任。从心理学上来说，积极的言语沟通可以刺激脑内的奖赏回路，分泌出诸如多巴胺之类的令人愉快的神经递质，使人感到快乐和充实，以此构筑起一层坚固的防御，抵抗外来的消极情绪。

但凡口出良言者都是有同理心的人，这是因为同理心深深植根于对他人情感与处境的理解与共鸣之中，让我们能够跨越自我，设身处地感受他人的喜怒哀乐，从而在说话时更加妥当、体贴。当我们以同理心为基础，选择言辞时，不仅考虑到了信息的传递，更关注到了对方接收信息时的感受。如此说出的话怎能不是良言？

上海有家理发店，生意非常好。某天，有位长相靓丽、身材高挑的姑娘也光顾了这家理发店。她一进门就要理发师帮她设计一个和某电影女主角一样的发型。

女理发师端详这位姑娘的样貌，觉得漂亮是漂亮，只是脖子太修长，并不适合她所说的发型。否则，剪完把头发盘上去，必然露出整个脖颈，不太美观。但要直说，又怕伤害对方的自尊心。她略一思索，温和地说："姑娘，听你的口音不是上海人吧？""我是从东北来的，在上海住了好多年。""难怪您个子这么高。其实，高才好看，身材苗条，穿裙子也漂亮。"

三言两语，就让俩人的关系拉近了不少。对方还没开腔，女理发师又说："这都入秋了，你把头发扎起来，脖子会不会有些凉？"一句话提醒了对方，姑娘连忙说："那让我再考虑考虑。"

女理发师忙说："我也正想和你商量，要不这样吧，给你剪个'波浪式'，头发的长度正好垂到你的肩膀上，下部卷曲，中间起伏，上面收拢，配上你这身段，一定很好看。"姑娘听后想了想，满意地点了点头。

如果女理发师直接说："你的脖子这么长，理这种发式太难看。"对方一定会被气走。要使对方明白"长脖子不宜盘头"这个道理，又不伤害对方的自尊心，那就应该采用间接规劝的办法。女理发师以拉家常的方式闲谈，先从籍贯谈起，毫不涉及"长脖子"的问题。当对方说出是东北人时，女理发师立即联想到北方人个子高，于是抓住这个契机，将话题引到身材上去，几句话就把对方说得心花怒放。当双方有了进一步谈话的基础后，女理发师又不失时机地点到"脖子"这个要害，但又不是故意揭对方的"短儿",并没有引起对方的反感,却提醒了对方要注意的问题,最终达到了女理发师的目的。

良言不仅仅是说好话,礼貌客气地说话,还是一种善言,是一种委婉表达安慰与建议,给人以鼓励、信心和勇气的话。"与人为善"既可以体现在"善行",又可以体现在"善言"。一句良言可谓弥足珍贵,它能让陷入迷雾中的我们看清前方的道路,能让处于为难之中的我们摆脱困境,能让"一时糊涂"的我们幡然醒悟、改邪归正。

有的时候,处于危难之中的人除了需要实际的帮助,还需要温暖的安慰话语。说话,虽然是一件非常微妙的事情,但是只要我们用心,是能把话说好的。而且,当我们没有能力给予他人更多的时候,用语言温暖人心,也是我们能做出的对他人最好的帮助。

小鹏生日时订了酒店,邀请亲朋好友来吃饭。他今天特地换上一套在香港旅行时给自己买的乳白色丝绸衬衫,照照镜子觉得特别帅气。

宴会开始之前,他满面春风地给每个人都敬了一杯酒。

这时,有一位好友忽然说道:"兄弟,这件衣服也太旧了!这是多少年前的古董啊!你穿出门也不看看,上面疙疙瘩瘩的。"

小鹏听到这话,脸上露出了不悦之色,却不知道该怎么回答,直到一位朋友说道:"你这小子外行了吧!这是蚕丝衬衫,价格贵着呢。而且这种衬衫不会有褶皱,不管穿多少年,照样跟新的一样。"饭桌上的其他人也立即应和着,纷纷称赞主人的衬衫珍贵而漂亮。

小鹏紧皱的眉头也舒展开来,宴会又恢复了欢乐的气氛。

在朋友的生日宴会上,一句无心之言让气氛骤变,朋友的自尊受到挑战。幸运的是,有人及时站出来,用温暖的良言化解了尴尬。他解释衬衫的珍贵与独特,引导众人从积极角度看待,不仅维护了朋友的自尊,巧妙地化解了尴尬,还保护了朋友们之间的情感,促进了正面的情感交流。这种积极反馈和认同,迅速修复了受损的情绪,让朋友重拾笑容,宴会重归欢乐。

好好说话,是一种艺术,也是一种力量。学会好好说话,就是学会用爱去沟通,用理解去倾听,让每一次交流都成为增进情感、促进和谐的桥梁。

人生需要甜言蜜语

称赞和被称赞,都是人类的一种需求。从心理学看,赞美是对他人的优点、长处的认可和欣赏的一种心理趋向。但由于赞美是一种心理倾向,所以它也和其他心理行为一样具有隐秘和内在性。

日常生活中,我们往往只注重给他人提供物质上的帮助,却忽视了精神愉悦对人的重要性。赞美他人,正是一种可以使人获得精神愉悦和享受的美好品德。有时,当孩子在学校拿到好成绩,我们忘记表扬他们;

在工作中，一位同事打扮得帅气/漂亮，我们却熟视无睹，忘记了衷心地称赞；当员工做出了成绩，我们会觉得这是他应该做的，吝啬夸赞的话语。

每个人都想得到别人的赞美，期待自己的真实价值得到认同。这会让他有一种成就感，进而增强信心和勇气。可见，赞美所产生的力量有多么巨大。

孩子上幼儿园了，作为母亲，怎会不想听到来自学校的好消息。然而每次接孩子，都令她失望。

一位毕业于京城名校的母亲，与同样优秀的丈夫都在一线城市工作，生活看似光鲜。然而，他们唯一的儿子却在出生后不久，检查出患有一定的智力缺陷。丈夫无法接受现实，想要将这个孩子送到福利院，但母亲坚决反对，最终选择离婚并带着儿子回到老家，独自承担起抚养与教育的重任。

儿子入学后，面对接踵而至的挫折，母亲始终作为他最坚实的后盾。

幼儿园时，面对老师的不理解以及"多动症"的说法，母亲用鼓励的话语告诉儿子："老师夸你在凳子上坐的时间要比上次还长。"感受到进步带来的喜悦，孩子破天荒地坐在椅子上吃完了晚饭。

小学时，面对"智力有障碍"的说辞和成绩垫底、即将被劝退的现实，她依然用希望之光照亮儿子的心田，说他并不笨，再努努力就能超过组长，以此激发他的学习动力。第二天上学时，儿子去得比平时都要早。

初中，当儿子的名字不再出现在差生名单里时，她惊喜万分——多年来的鼓励和肯定终于迎来了曙光。虽然老师告诉她，以目前的成绩,上重点高中有些困难,但母亲还是一如既往的乐观。她不断为他加油鼓劲,助力他向重点高中冲刺。

高中毕业了。第一批大学通知书下达的日子到了。学校来电话让她儿子到学校去拿通知书,原来他被重点本科学校录取了。儿子走后,母亲悲喜交加,再也按捺不住十几年凝聚在心中的泪水,她在家里大哭。儿子从学校回来,把大学的录取通知书交到她手里,抱住她大哭起来。边哭边说:"妈妈,我一直都知道我不是个聪明的孩子,是您……"

母亲积压多年的情感终于爆发,泪水与欢笑交织。她深知,若不是无数次耐心地引导、鼓励与赞美,自己和儿子早已坚持不下去。

在心理学中把这种给某人贴上某种"标签",从而容易导致此人产生与标签相一致的行为的现象,称为"标签效应"。像上面故事中的老师就是在给这个学生贴"坏标签",说他智力有问题,不是读书的料。时间长了,孩子便会产生"自己确实不行"的感受,自信心也会慢慢减弱,学习成绩越来越糟。但好在他的母亲努力找出孩子的闪光点,用"好标签"鼓励他坚持下来,发奋学习,就这样,"笨孩子"慢慢地变成"聪明的孩子",收到了意想不到的教育效果。妈妈给孩子贴了好的标签,便会在不知不觉中改变了孩子,使他真的成为标签上所描述的那种人。

赞美别人是处世的法宝。要建立良好的人际关系,恰当地赞美别人是必不可少的,但要想正确运用赞美这门艺术,也需要一定的技巧。我们不妨试试以下几种方法:

一是要真诚。真诚是人际交往的基石,源自内心的赞美尤为珍贵。真诚的赞美是对他人客观存在的优点的下意识反应:我们在对方身上发现了与自己的理念和价值观相符的东西。所以我们要从"真"出发，切实地赞美对方，而不是虚假地奉承和拍马屁。

二是要讲究场合，合乎时宜。赞美应要适时适地，于关键节点给予，既能激发潜能，亦能巩固成果，促进共同进步。

三是要具有亮点。人的素质有高低之分，年龄有长幼之别。因人而异、突出个性、有亮点的赞美比一般化的赞美能收到更好的效果。

四是要赞美具体行为或贡献，而非泛泛而谈个人特质，这样更显真诚。

详实具体的赞美，如同放大镜，让微小优点也熠熠生辉，展现我们对对方的细致观察与高度认可。

赞美人其实很容易，只要心存真、善、美，就可以随时拥有一双"艺术家"的眼睛，发现身边点点滴滴的"美"，我们也能自然而然地流露出对他人的赞美。

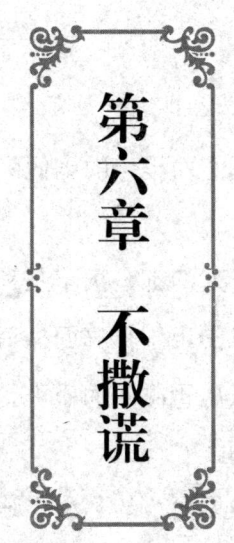

第六章 不撒谎

天下没有一种广告,会比诚实不欺、言行可靠这种美誉更能赢得他人的信任。世界上的谎言太多,它们或许能在短时间内迷惑人心,制造出一片虚假的繁荣景象。然而,正如阳光终将穿透云层,真相也总会拨开谎言的迷雾,显露其本来的面目。因此,"巧诈不如拙诚"。

"欺人"太甚，终会遇到真狼

谎言，是指有意冒充真实而提出的虚假陈述或信息，即任何意在欺骗或给人错误印象的事物。

在我们所处的世界里，人们都会出于某种情况而说谎。可以说，几乎每个成年人都撒过谎：或是出于自尊而撒谎，或是出于自大而撒谎，或是出于面子而撒谎，或是出于隐瞒而撒谎，亦或是为了维护与同事、亲戚和朋友之间的关系而撒谎。

比如，和爱人约好时间见面，却不小心睡过头，于是在被电话铃声吵醒的时候会下意识脱口而出"已经在路上了"这样的话。比如，当人们觉得身体不舒服时，通常会和关心自己的人说"我很好，谢谢关心"；又或是当我们看到长得有点像外星人、确实不那么好看的新生儿时，嘴上却还要说着"这孩子长得真好看"；抑或是当我们迫不及待撕掉包装精美的礼物纸的瞬间，发现里面包的并不是心仪的礼物，脸上却还要露出很兴奋、很开心的表情。

从严格意义上来说，这些都是撒谎，尽管谎话看起来并不严重，但说谎就是说谎。

因为撒谎，常常使人在无法了解真实的情况下作出不正确的抉择；因为撒谎，我们的感情遭到欺骗，利益蒙受损失。谎言毁掉了尊严，让

第六章 不撒谎

崇高化为乌有；谎言使纯真和信仰屡屡遭受凌辱。在所有邪恶的周围都能看到谎言的影子。

有个少年在一个小镇上找了份批发店的工作。他是一个很努力的小伙子，总是店里第一个起床、最后一个睡觉的人，老板很满意。久而久之，店主就把管理工作都交给了他，出于信任，店主只在每个月末的时候过来检查一下账本。

这位小伙子在接管店铺之后，仍然干劲十足，将一家不大的批货铺经营得非常好。每次店主查完账总要夸奖他几句，还说自己运气好，找到了一个如此得力的助手。但当店主第三次来查账时发现了不对劲，自家的营业额下降了不少，而发出去货物的数量却在不断增加。小伙子解释："老板，货物的确是发出去不少，但是我为了快速销售本店的货品，采取了双月结账的方式，现在竞争这么激烈，这样做不仅能抓住老客户，也会争取到新客户。"

店主听了他的话，虽有疑惑但也没有多说什么。如此又过了两个多月，店主不断地接到供应商、经销商的来电：供应商说自己的货款没收到，经销商说自己订购的货物迟迟没有收到。店主一愣，随即反应过来，一定是那个年轻人在这上面动了什么手脚。挂了电话，他来到批发店，悄悄地靠近门口。年轻人正在将一捆捆的钞票装进一个黑色的皮箱里。他一改往日朴素的装扮，穿着一身名牌衣物，很是扎眼。老板已经明白了一切。当警察将手铐戴在这个年轻人手上的时候，老板对他说了这么一句："你太让我失望了。"

用谎言处世，能暂时获得利益。但从长远看，必将失败。

出于对金钱与物质的强烈渴望，这位年轻人选择了"欺骗"这一快速成功的捷径。欲望导致他错误地评估了风险，认为欺骗他人后还能逃脱惩罚，从而滋生了侥幸心理。在追求私利的过程中，个人利益的诱惑逐渐压倒了对诚信的坚守，道德观念在无形中发生了扭曲。即便被怀疑还在为欺骗行为找合理化借口，用谎言"安抚"老板，继续实行欺骗，直到最后东窗事发。这一系列心理机制的连锁反应，如同精密的齿轮咬合，共同推动他一步步滑向了罪恶的深渊。

谎言就如同一株妖艳但有毒的花，看起来美丽动人，但终究是有毒的，而当一个人习惯撒谎之后，就很难戒掉这种坏习惯了。一个谎话看起来没什么，但每句谎言的背后都需要更多谎言的支撑。当我们费尽心思去编织一个又一个的谎话时，我们就成了名副其实的骗子。久而久之，原本单纯的心便会陷入自己编造的迷雾之中，看不清方向。焦虑的心总是在盘算着怎么掩盖过往的破绽，又怎么可能看见现在的美景，安安稳稳地享受幸福生活呢？

王某在南宁东葛路租铺经营米粉店，梦想在此立足，却因竞争激烈与经营不善，生意惨淡，面临合同到期与押金损失的双重困境。为了挽回损失，王某精心策划骗局，与友人廖某合谋，伪造了租赁合同及房东身份，虚构房东急用钱需转租的假象，以远低于市场的价格吸引其他创业者。

陶某被低价诱惑，未深入核实便签订转让协议，并支付了10万元。正当他筹备装修时，真房东李先生因租金问题找上门，揭露了这场骗局。陶某不仅经济损失惨重，还因擅自装修陷入

第六章 不撒谎

法律纠纷。

而王某与廖某的行为也迅速败露。警方介入调查，二人终因诈骗被捕，面临法律制裁。

面对入不敷出的店面、可能要赔付的押金，在经济困境的压力下，王某选择了铤而走险。为了让陶某相信，他不仅在当事人面前直接撒谎，甚至还为了圆谎找人假扮房东，伪造合同。可惜纸终究包不住火。

王某的欺骗行为典型地体现了贪婪、自我中心及侥幸心理等特征。他出于贪婪的动机，选择隐瞒真实情况并伪造合同，以此作为对潜在物质损失的极端防范措施；为实现自身目的而不惜拉廖某下水，牺牲他人利益成全自我；一而再，再而三地圆谎，表现出王某的侥幸心理，认为自己所策划的骗局能够天衣无缝，从而避免法律与道德的制裁。

谎言没有被揭穿都只是侥幸。要想人不知，除非己莫为。用谎言筑成的墙又怎可能密不透风？所以谎话一旦出口，就要做好付出代价的准备。即使只是微不足道的小谎话，在没有真正发生的时候，谁也不能肯定它究竟会埋下怎样的祸患。

因此，对还未说出口的谎言我们要竭力避免，而对于已经犯下的错我们要诚实地面对，要勇于承认自己欺骗别人的行为并承担责任。这不仅是成熟的体现，也是获得他人信任的最好办法。如果我们的欺骗行为给对方带来了物质上的损失，我们应该主动提出退还或补偿，用实际行动彻底纠正自己的撒谎行为。一是通过反思加强自我道德观念，抵制欺骗的诱惑；另一方面可以制订奖惩计划，在他人的监督下，逐渐减少自己撒谎的行为（特指危害他人的撒谎），以自律和决心推动自己不断进步。

金无足赤，人无完人。即便是君子也免不了会有犯错之时。犯错不可怕，可怕的是撒谎掩饰自己的错误和不足。知错能改，善莫大焉，坦诚地面对眼前的一切，方为智者所为。

"掩耳盗铃"是愚蠢的把戏

能做到绝对的不欺人已然十分困难，能做到绝对的不自欺更是难如登天。在错综复杂的社会关系中，我们往往会因各种利益纠葛而作伪，惯于隐藏自己的私心。这是人类与生俱来的一种本能，以至于我们自身都难以察觉其存在。

我们不仅生活在他人的谎言中，更生活在我们自己的谎言里。自我欺骗在生活中并不少见——有时为了美化自己，抑或为了逃避痛苦，更有甚者为了虚荣，只不过在我们不知不觉中，自我欺骗已经被我们的下意识所蒙蔽，让我们感觉到自己并没有撒谎。这是个很奇怪的现象。

生理学研究显示，当一个人撒谎时，脑部有两种行为：抑制诚实的反应和以另一种方式来代替诚实的回应，即撒谎。当我们撒谎时，大脑会更活跃：大脑的前半部负责对外界刺激产生抑制反应；在靠近前额叶

第六章　不撒谎

中央的另一片区域也开始异常活动。这两个部位都是脑部最为精密的部位，它们的首要作用就是处理讯息的输出和回应外界做出反应。简而言之，就是自我欺骗能让某些行为与动机在无意识中发生。

但自欺的无意识并不意味着我们可以将自欺欺人的行为合理化。它归根结底还是一种弱点和缺陷，我们不能被它蛊惑和影响，让自己忽视事实和真相，进而逃避现实或谋取不正当利益。

2024年7月，临澧县多家商铺老板报警称在清晨醒来后，发现店内财物被洗劫一空。通过仔细审查案发地点及周边区域的监控录像，警方发现了一个显著的共同特征：嫌疑人作案时头戴纸箱，并刻意调整监控摄像头的方向，以此掩盖其真实身份。

为了找到这个掩耳盗铃的小偷，办案民警们对监控录像反复研究，并广泛地走访与排查了周边和可疑的地区，逐步缩小了嫌疑范围，并最终锁定了有盗窃前科的王某为重大嫌疑人。在深入调查中，警方发现王某在案发时间段内的行踪与监控录像中的嫌疑人高度吻合，且其家中藏有疑似被盗财物及多个用于伪装的纸箱，纸箱尺寸以及双眼处的开孔位置和距离非常符合犯罪嫌疑人的头、面部特征。

面对如山的铁证，王某终于崩溃，如实供述了自己的犯罪事实。他承认，自己之所以选择戴纸箱、拨乱摄像头再实施盗窃行为，是因为内心充满了对犯罪的恐惧与不安。他希望通过这种方式来减轻自己的心理负担，自欺欺人地认为自己能够逃脱惩罚。

王某因经济困境选择盗窃。他作案时伪装自己，不仅为逃避法律，更欲减轻内心负罪感。然而，这种自欺欺人让他陷得更深。王某的行为揭示了面对困境时的消极应对，无法真正解决问题，反陷更深困境。我们在这个盗窃犯身上看到了狡猾，也看到了愚蠢。

自我欺骗是人生最伟大的骗局。我们明知是虚假，但仍愿相信。我们能欺骗自己的眼睛、耳朵、嘴巴，甚至是心。可怕的是眼睛、嘴巴和耳朵只能骗过一时；而如果从心底都认为自己的谎言是真，那么它就真能骗我们一辈子。

你的目的和意图只有自己清楚；你是否诚实，是否值得信任，也只有你自己清楚；你给出的交换是否公正，还是只有你自己清楚。因此，不管什么时候，我们都应该坦诚地面对自己心中的矛盾和污点，千万不要自欺欺人。

李叔在小县城经营老布店多年，曾因用短尺量布获利而心怀愧疚。某日，他决定改过自新，规规矩矩地卖布。但在更换木尺之前，他暗访了对门张婶的布铺，发现其木尺更短。这让李叔的心里五味杂陈。于是他压下良心，劝慰自己的尺虽不足长，但也比对门的长。此后，李叔继续用这把旧尺子卖布。

一位多年的老客户，信任李叔的品质与服务，决定大量采购布料为自家公司的员工制作统一的工作服。然而，被服装厂的员工发现布料尺寸差太多。老客户一怒之下将布料全部退回，再也不与他合作。

这件事一传十、十传百，李叔只好关闭了经营多年的布店。

李叔最初因使用短尺获利而感到愧疚,这表明他内心深处对诚实经营有一定的道德认知。然而,当他发现张婶的木尺更短时,这种道德认知被扭曲了。他以"相对主义"自我安慰,实则是对诚实原则的逃避。这揭示了一个道理:外界环境虽能影响判断,但个人选择才是决定行为性质的关键。李叔的合理化与自我欺骗,短期内或能减轻心理负担,但从长远来看,无异于饮鸩止渴。这不仅侵蚀了道德底线,更破坏了社会信任。正如古人云"君子慎独":真正的品德修养,在于无人监督时仍能坚持原则。

自欺,或许可以让我们短暂地逃离这个残酷的世界,得到一时的宁静与满足,但从长远来看,这无异于温水煮青蛙。心理学告诉我们,人们往往会本能地以为,我们对某些事情越是深信不疑,就越有可能是正确的。事实并非如此——当我们面对危机、欲望或者冲突时,大脑就会关闭理智,用各种各样的方法误导我们,将那些对我们有害的"标签"变成有益的"素材"。因此,想要改掉自欺欺人的关键就在于要对自己有充分的、清醒的和客观的认知。

认识自我的途径有很多:

一要通过自我观察,深入剖析身心状态与人际关系,明确生理、心理及社会层面的自我认知。

二要积极寻求他人评价,以"旁观者"视角补充自我认知,虚心接受批评。

三要通过比较认识自己。无论是纵向的自我对比还是横向地与他人对照,均有助于全面审视自我。

四要在实践中认识自己。通过参与各种活动,根据活动过程与结果来认识自我。比如,通过与他人的合作来检验自己的人际沟通能力,通过组织活动来判断自己的管理能力。

五要时时自省。可以通过写日记或拍摄视频的方式记录、总结自己，定期审视自我长处与短板，促进个人成长。

真正的成长与进步，在于勇于面对现实，正视自己的不足与错误。唯有勇于剥去自我欺骗，以真诚面对自我，才能找到解决问题的关键，从而实现真正的蜕变。

不欺瞒者，人亦诚而应

在人际交往的广袤天地间，"不欺瞒者，人亦诚而应"宛如一颗璀璨的道德星辰，散发着永恒而温暖的光辉。当一个人在交往中不欺瞒他人时，这是建立信任的基石。例如在朋友关系中，如果一方总是坦诚相待，不隐瞒自己的想法、不编造谎言，那么另一方也更容易以真诚回应。这种真诚回应可能体现在分享真实的情感、给予诚实的建议等方面。做到不欺瞒是个人品德高尚的一种体现。这要求一个人有自律的能力，能够克制自己为了私利而欺骗他人的冲动。这种品德修养不仅能让自己在内心获得一种平静和坦然，还能提升自己在他人眼中的形象。

要想他人真诚待你，你就应当首先主动真诚地去对待他人。

在人格心理学看来，诚信是通过社会教育培养出来的一种较为稳固的个性特征，是个人在特定的关系中所体现出来的以诚实、信用、信任为核心的较为稳定的心理素质和行为取向。该定义有三个方面的涵义：首先，诚信是获得信誉的基础；第二，以信用取信于人；第三，要相信别人。

一群远方的旅人来到美丽的小镇游玩。他们很想品尝一下当地闻名世界的啤酒，但是他们太累了，于是决定先住进预订好的旅店休息，让店里的一个年轻员工帮忙去买啤酒。

小伙子二话不说，接过钱就出门了。一个小时后，他带了四瓶啤酒回来，游客高兴地邀请他一起吃饭。

第二天，游客们又委托他去买啤酒，他也不负众望地将酒带了回来。

第三天，游客再让他帮忙买酒的时候，他过了很久都还没回来。

游客们都认为这次小伙子是拿钱跑了，所以生气地准备报警。正巧这时候，小伙子敲开了他们的房门。每个人都觉得很惊讶，就问年轻人怎么回来得这么晚。

原来，这次小伙子去小镇买啤酒的时候，小镇唯一的超市只剩下了一瓶，店主说啤酒还要等三天后才能运来。小伙子着急却又不知道该怎么办，超市老板给他出了个主意，可以去每家每户打听一下，看看别人家有没有剩余。就这样，年轻人挨个敲门，花了三个多小时才终于弄到了四瓶酒。

当听完小伙子的解释后，这些游客们非常感动。他们决定给这个小伙子一百美元的小费，但是小伙子却拒绝了。他腼腆地说，自己只是帮忙而已，说过的话自然是要做到的。

小伙子与游客的故事是诚信价值的生动诠释。小伙子面对游客的委托，始终坚守承诺，并未因任务的重复或难度的增加而有所懈怠，反而是一次次地全力以赴，确保承诺的兑现。这种"言必信、行必果"的态度，是诚信精神的生动体现。不仅如此，在费力完成任务后还没有接受小费，可见他的行为纯粹出于责任感与善良，而非物质利益，这进一步凸显了诚信的纯粹与高尚。小伙子用实际行动证明了，诚信不仅是个人的品质体现，更是社会和谐与信任的基石。

其实，这样的人在我们周围也不在少数，可是为什么我们总觉得"诚信"在渐渐远离我们的生活，甚至远离我们固有的思想呢？在有些人看来，"诚信"永远是童话故事，现实世界充斥着各种争斗与矛盾，他们无力改变，唯有随波逐流，正因如此，说过的话可以出尔反尔，做过的事可以视而不见。从古至今，诚信都被视为个人品德的核心要素。孔子有言："人而无信，不知其可也"，强调"君子一言，驷马难追"的铿锵落地之声。那些能够坚守诚信原则，不为一时之利所动，始终保持言行一致的人，无疑是在用自己的行动诠释着"君子之风"，展现着人性中最纯粹、最光辉的一面。

一天，一个顾客走进一家汽车维修店，问店主："我是运输公司的司机，能在我的账单上多写点零件吗？这样我回公司好报销。不过，也不让你白写，我会给你好处的。"但店主拒绝了。

司机不死心地说："你干吗不合作呀，我以后常过来修，你就能白赚那么多钱，多好啊！"店主仍然不肯。

司机气急败坏地喊:"我就没见过你这么傻的人!"

店主也生气了,高声说:"请你马上离开,这样的生意还是请你到别处去谈吧。"

这时,顾客满怀敬意地握住店主的手:"我就是运输公司的老板,我正在寻找一个信得过的、可以长久合作的维修店,就是你了。你还让我到哪里去谈这笔生意呢?"

诚信是人格魅力的体现。店主在面对诱惑时,能够坚守原则,不为私利所动。这种高尚的品格不仅赢得了顾客的敬意,也提升了自身的形象。这个事例告诉我们,无论是在职场还是生活中,都应坚守诚信原则,以诚待人、以信立业,诚信是个人品牌的重要组成部分。

金银玉帛虽贵重,却非世间珍宝;唯诚信二字,方为无价之珍。诚信是美好世界的一部分,是人最基本的素质,是维持人与人关系的纽带,是人立于天地之间的基石。诚实会让你得到友谊,得到尊重,得到你所需要的一切!其珍贵程度是无法用金钱估量的。

因此,我们要以孔子之言为鉴,时刻提醒自己珍视并践行诚信这一美德。做一个诚信的人最重要的一点,就是要顺着心理脉络对外展行为进行很好的了解,对自己的人格做出准确的判断,正视自己的真正目的和意图,看清那些自己编织的所谓的动机和意图;与其信任自己所感受到的确信,不如去倾听自己的内在感觉,听听别人的意见,以此来纠正自己固有的习惯——说谎。

诚信是中华民族的传统美德。诚信的道德观念和思想修养源远流长,自古以来就被中华民族所重视。孔子曾讲:"始吾于人也,听其言而信其行;今吾于人也,听其言而观其行"。一个有道德的人,以己之心度人之心，自己诚信故而也相信别人的诚信。诚信是一个人安身立命的基本准则，是与人交往的前提——唯有遵守对他人的承诺，他人才会将心交于你，才有利于长久地交往。

第七章 不贪婪

天下之大,一个人不可能揽尽所有财富荣誉。欲念过重,反而会成为自己的枷锁和负担。生命的最高境界,应该是无争、无价、安宁、幸福。不贪婪才能活得轻松,过得自在,知足常乐才能细细体味出生活中的美。

不要成为被欲望驱使的奴隶

贪婪是一种永不满足的欲望，是一种永远追求更多的执着。贪婪不知疲倦，因为不停地奔跑就是它的使命。然而，如果我们将它奉为心目中的神灵，终日紧随贪婪的话，那么我们只会筋疲力尽。

贪婪是指对财富、权力或物质的过分追求。这种欲望背后的机制表现在两个方面：第一，贪欲不是由单个原因引起的，而是由各种心理、社会等诸多因素共同影响的结果。第二，人们常常把贪婪和奖赏制度联系在一起。所以，过分地追逐物质财富和权力，也许就是要通过这种回报机制来保持一种持久的满足感。

然而，过度的物质追求虽然可能有满足感，但却不一定带来幸福感，因为人们往往容易被困在"越多越好"的心态中，而忽略了生命中的其他重要方面。

纽约一座酒店的顶层，一名"贵妇人"纵身一跃跳了下来。警方未能将该女子救下，但却在她的卧室内找到了一封信。

这封信是这样写的："我已经没有了活下去的勇气，我这一生，已经没有了任何乐趣可言。为什么上天让我生得这么漂亮，却不让我得到应得的东西？我和丈夫结了婚，但他一点儿都不爱我。我只想多买些珠宝首饰，他都不愿意！他不知道美女是要用很多首饰来衬托的吗？还有那件裘皮大衣，每当我经过那家商店，我的目光就会被它吸引，它那么漂亮却不属于我。尽管我已经有很多件了，但再买几件又能怎么样呢？女人难道不都这样吗？而那个守财奴却说我贪得无厌！谁也不懂我，不懂一个漂亮女人的心思是什么样的。我有太多心愿都无法实现，所以我感到生活对于我而言就像是一种酷刑。我要去天堂看看，可能在那里我能按照我所希望的方式去生活。"

或许，在结尾处，那位女士应该这样写："世上没有人懂我，谁也不懂一个贪婪女人的想法是怎样的。"

因为得不到就要舍弃自己的性命，真不知道该说她是可怜还是愚蠢。这位"贵妇人"认为所有的珠宝和裘皮大衣都应该归她所有，这样才能与自己的美貌达成平衡。这些贪婪的欲望在她这里成了理所当然，将拥有它们视为幸福的唯一标准，甚至于得不到就放弃自我，彻底变成欲望的奴隶。这种病态的执念让她心理扭曲，失去了理智和判断力，无法看清自己的真正需求。

贪婪的人们欲望太强烈了，永远没有满足的时候。他们寻找各种机会、理由，不惜采用各种手段来满足自己的要求。虽然他们有时候也会感到有些疲惫，但却从来不会停止，因为贪婪在督促他们。

洛拉女士向知名心理学家卡耐基寻求帮助，她深感生活索然无味，快乐似乎与她绝缘。她向卡耐基倾诉，丈夫虽在公司担任部门主管，却缺乏进取心，让她倍感失望。洛拉坦言，她并不追求奢华生活，只期望丈夫能更上一层楼，出人头地。同时，孩子的学业成绩也让她忧心忡忡，难以满足她的期望。

卡耐基听后，深入询问了洛拉丈夫的职务情况，当得知其为部门主管时，他提出了疑问：为何仍不满足？洛拉愤愤不平，认为丈夫有能力却不愿努力达到更高的职位。卡耐基则一针见血地指出，洛拉对名誉、地位的渴望，实际上是一种贪婪的表现，尽管她并未直接追求物质享受。这一番话让洛拉哑口无言，她意识到自己对完美与成功的不懈追求，或许正是她内心痛苦的根源。

这种贪婪的心理状态是多方因素造成的：期望过高，与现实对比形成巨大落差，由此带来的失落和不满让洛拉心理失衡；外在成就所带来的愉悦感使洛拉将其当作检验幸福的标准和生活中唯一追求的目标，内在贪欲激发，愈演愈烈；在不断与他人比对的过程中，对他人已获得的财富、名望、地位等抱有强烈渴望，这种占有欲蒙蔽了洛拉的心灵，只剩下贪婪。

肯塔基州的人类行为学专家约瑟夫·罗伯特博士曾经在他的一篇论文中写道："人类和欲望之间的关系是很微妙的，也是很复杂的。有的人可以驾驭欲望，成为欲望的主人，那么这个人就可以成为一个成功的人、快乐的人。相反，如果一个人沦为了欲望的奴隶，将自己的灵魂出卖给欲望，那么他就很有可能变成一个可怕的魔鬼。当然，他没有魔鬼的法力，所以迎接他的只能是失望。应该说，那些被欲望驱使的贪婪的人们，每天都生活在痛苦之中。"适度的欲望可以促使我们进步，但过度的欲望却会吞噬我们的灵魂。

每个人都有自己的欲望，都希望吃饱穿暖，希望自己能有一个美好幸福的人生，这是人类的天性。然而，若将此念转变为不正当的欲求、无休无止的贪婪，那我们便悄然间将自己置于欲望的牢笼之中。在贪欲的驱使下不得不为了权力、地位、金钱而削尖了脑袋往里钻。

欲望膨胀，往往以失去为代价

"爱财曰贪，爱食曰婪"。在物质极其匮乏的年代里，人们出于生存需要，所以对粮食、钱财都有着特别的欲望。只有获取更多的物质资源才能保证个体在困苦的年代里活下来，甚至不惜采取一些过激的措施。这也暴露出人类自私的本性——会不择手段地抢夺一切可以用来维持自己生命的东西，这是人类贪婪之心的本源。

可古人有言"一念贪私，万劫不复"。如今生活的世界，人们仍旧不觉得满足，难道还是生存所迫吗？恐怕只是欲望的无限膨胀在作祟。他们受自己的贪欲驱使，心中充满了对各类事物的渴望，但他们的真实能力并不足以与之匹配，即期望过高而能力有限。这种失衡的状态常常会使他们所追寻的东西变得可望而不可及，而已经拥有的也并不珍惜，到头来只是镜花水月一场空。

李某曾是一个踏实肯干的青年，拥有一份稳定的工作和温馨的家庭。然而，一次偶然的机会，他落入了赌博的世界。从此，他的生活发生了翻天覆地的变化。

起初，李某只是出于好奇和娱乐的心态，偶尔参与一些小额的赌博游戏。每当他赢得一点儿小钱时，都会感到兴奋和满足，仿佛找到了快速致富的捷径。然而，随着时间的推移，李某对赌博的渴望逐渐加深，开始投入更多的时间和金钱，希望能在赌桌上赢得更多。

赌博就像是一个无底洞，吞噬着李某的理智和财产。他开始频繁地出入赌场，夜以继日地沉迷于赌博之中。工作被抛诸脑后，家庭也被他忽视。他的妻子多次劝他回头是岸，但他却被贪欲蒙蔽了双眼，听不进任何劝告。

随着时间的推移，李某输掉了所有的积蓄，甚至负债累累。他的生活陷入了前所未有的困境，家庭关系也濒临破裂。

从上面的例子，我们可以看出，贪婪的人似乎更为执着，他们的目光总是集中在一个或者多个欲望上面。这些欲望可能是财物，可能是美貌，可能是别人的赞美，也可能是其他东西。普通人能在一种欲望得到满足后体会到快乐，之后产生另一种欲求，也是为了追求更多的快乐体验；贪婪的人欲望好像从来没有得到过满足，所以他们也就永远体会不到欲望得到满足后的喜悦。

人的欲望总是无止境的。这是因为没有多少人会对目前已得到的东西感到满意，他们总是伸着脖子看别人怀里揣的什么是自己没有的。这时候，人们只希望自己的欲望能尽快实现，迷失自我也就在情理之中了。殊不知，这种"有钱有势就是一切"的错误价值观一旦形成，我们就会为此主动典当掉自己已经拥有的全部东西，等到醒悟也已为时晚矣。

生命如此短暂，与其追求无穷无尽的欲望，不如抓住当下，好好地享受眼前的一切。

第七章 不贪婪

因为家庭原因，方某自懂事起就对权力表现出了不一般的热衷。在18岁参加招干考试时，他毫不犹豫地选择了"工资待遇更优厚"的银行系统，从此将追求经济利益最大化视为人生奋斗目标。

在银行工作的岁月里，他迅速从"过来人"那里学到了职场"潜规则"，频繁利用送礼、拉关系等手段拓展业务，深信权钱交易的法则。

随着收入增加，方某却越发感到社会地位不足，对权力的渴望也与日俱增，便萌生了进入政府机关工作的念头。凭借人脉积累，他成功调任市国资办副主任。

进入政府系统后，方某迅速升迁，先后担任县委副书记、县长，直至副市长。权力的扩张让他彻底恋上"当官"的感觉。他滥用职权，为老板们大开方便之门，并以此为荣，享受着特权带来的虚荣与满足；他还多次宴请亲朋好友在公务场合聚餐饮酒；更是将管理服务对象视为提款机，肆意索取，认为一切消费都应由他人买单。

在特权思想的驱使下，方某把造福一方百姓的职责、使命抛之脑后，心里想的是如何满足内心贪欲，在严重违纪违法和犯罪的道路上越走越远。

方某的故事，是贪婪欲望失控的警示。他的价值观从一开始就是扭曲的。如果只是单纯为了高薪而进入银行工作无可厚非，可他的贪婪远不止于此，几乎每走一步都是在为今后的地位做铺垫——无论是权钱交易，还是将党员身份视为晋升的跳板，都体现了他对权力的钻营。直到登上权力巅峰，他更是明目张胆地以此牟取私利，却没想过这些不正当的所得如同泡沫一般虚幻且易碎，终有一日会破灭。

社会在发展进步，我们的生活条件在逐渐变好的同时，欲望也随之膨胀。试问，一睁眼就要追名逐利的生活不觉得心力交瘁吗？有没有想过自己真正渴望的究竟是什么？

托尔斯泰曾说过："欲望越小，人生就越幸福。"人生最大的苦恼并不是自己所得到的太少，而是自己向往的太多，欲壑难填。向往本身不是坏事，有向往才会有前进的动力。但如果我们想要得到更多，却无法凭自己的能力得到，就会产生失望和不满足感，让自己失去快乐，整日郁郁寡欢。

欲望越膨胀，负担就越重。所以在遇到种种诱惑的时候，我们要保持冷静，要学会抵制、拒绝这些诱惑，将这些包袱抛得远远的，尽可能地轻装上路。唯有如此，我们才能在人生路上越走越远，我们的人生之路才会变得更轻松、更顺畅。当然，人很难彻底消除自己的欲望，不可能真的达到无欲无求。但不管做任何事情，我们都要规正自己的想法和目地，对自己的索求设置一个限度，把握好分寸。

第七章 不贪婪

舍贪婪，得自在

心理学家把人的欲望分成四个层次，即生存层次、享受层次、情感层次，以及价值层次。

人类和普通的生物一样，需要空气，需要食物，需要水，需要适宜的生存环境。当然，为了维持自己的生存，还需要有繁衍后代的欲望。

当物质和生理需求都解决后，人们自然而然地产生了享乐的欲望。琴棋书画、花鸟鱼虫都是一种乐趣：这种乐趣远超基本的物质享受。

除了物质与精神上的满足，人们也需要感情上的满足，例如友爱、亲情、爱情：这些都是人的特殊心理需要。情感层次涉及人类的社会性和情感需求，也就是人际关系的构建与维持，情感上的支持与认可。

人类的终极愿望就是能够实现自我价值，通过个体的成长、知识学习、艺术创造、道德追求等来达成。就算是普通人也有自己的理想和愿望。正是因为有了这样的愿望，才能够让人类文明不断进步和发展。

县城老街深处有一家老铁匠铺，主人是位年迈的铁匠。随着时代变迁，铁匠铺没什么生意，于是转型专卖狗链子。老铁匠坚持着传统的经营方式：门外摆货，他在门内坐着，也不吆喝，也不议价。收入仅供茶饭之需，别无他求，他对自己简单的生活很满意。

一日，一文物商人偶然间被老铁匠身旁的一把紫砂壶吸引，此壶古朴非凡，乃清代名家戴振公之作，价值连城。商人欲以十万元求购，却遭老铁匠婉拒，因为这把壶是他爷爷留下的，传承了三代人的记忆，意义非凡。然而，壶虽没卖，此事却让老铁匠首次尝到了失眠之苦：价值十万元的壶让他心生波澜，生活也不再平静。

过去他躺在椅子上喝水，都是闭着眼睛把壶放在小桌上，现在他总要坐起来再看一眼。尤其是消息不胫而走后，来访者纷至沓来，有出更高价的，还有来打听他还有没有其他宝贝的。老铁匠的生活被彻底搅乱，他不知该怎样处置这把壶。

当那位商人带着多出一倍不止的现金再次求购此壶时，老铁匠毅然决然地当着众人的面砸碎了这个"祸害"，以绝后患。

自此之后，老铁匠再也没有提心吊胆过，而是一如既往地过着原来的生活，好不自在。

当一个人过于贪婪时，心理是扭曲的，是不利于身心健康发展的。只有像老铁匠砸壶那样，果断地摒弃贪婪，保持自己的初心，让内心闲适，本性处于安静的状态，没有任何的非分追求和物质欲望，灵魂才能逍遥自在。正如汤玛斯·富勒曾经所说的那样："满足不在于多加燃料，而在于减少火苗；不在于积累财富，而在于减少欲念。"

"舍贪婪，得自在"不仅是一种生活态度，更是一种人生智慧。当我们能够放下对欲望的过分执着，以一颗平和之心面对世界时，便能发现生活的美好与真谛。

小霞是一个乡下姑娘。因家境所迫，初中毕业后便辍学到县城找工作。在朋友的介绍下，她干起了家政。凭借聪慧伶俐，她被安排至政府家属区工作。男主人是一位副处级干部，四十出头，为人正直；女主人是典型的家庭主妇，不善交际，常由小霞代为接待访客。

这些访客大多都是来托关系、找门路的，每每带着贵重的礼物来拜访，小霞都能遵照女主人的教诲，婉言谢绝。女主人非常赏识她，久而久之把接待客人的事情全权交给小霞处理。

然而，一次意外的诱惑打破了她的坚持。一位常客察觉到小霞的特殊地位，于是想买通她换取关于女主人的信息。小霞起初不愿意收，但禁不住对方再三地"劝说"，她终于还是动摇了，收下了那笔不菲的贿赂，并把女主人的日常起居告诉了客人。

她用这笔钱给家里购置了新电器，尝到了甜头。于是一发不可收拾，竟开始主动向访客索要钱财。小霞父母眼看女儿的工资水涨船高，不由得怀疑起来，在一番谈话后，小霞将事情的原委告诉了父母。

父母得知真相后，痛心疾首，严厉告诫小霞不能昧着良心收取这些不义之财。小霞也心生悔意，打算就此改过自新，但一方面自己的贪欲已难自拔，另一方面先前贿赂过她的客人也在步步紧逼。小霞只能每日在愧疚与恐惧中挣扎，濒临崩溃。

最终，小霞经受不住良心的拷问，在父母的陪伴下，鼓起勇气向警方自首，坦白了所有罪行。警方根据她的线索深入调查，揭露了一桩官员腐败大案。鉴于小霞情节较轻且主动投案，法律对她从宽处理。她又重新回到了原本简单而纯粹的生活，这下她心里总算踏实了。

故事中的农村姑娘本来应该有简简单单的生活，却因为贪婪之心陷入复杂的人际关系之中。贪婪这条路是非常危险的，一旦踏入，则越陷越深，难以自拔，会成为危害人生的陷阱、葬送人生的坟墓。好在小霞在父母的规劝下及时反省，脱掉了一身枷锁，重新回到无羁无绊的人生中。

过分的贪婪会让人的内心发生质变，毕竟很多的罪恶都是从贪婪和欲望开始的。很多人任贪欲的藤枝四处蔓延，一开始还抱着侥幸心理，收受小恩小惠，进而不择手段、肆无忌惮，最终走上了犯罪的道路，再难回头。古人云"吾日三省吾身"，人要保持良好的心态，严格要求自己，不要为了眼前的利益，自毁前程。

要想舍弃贪欲，获得自由，就必须从本心开始改变。首先，要改变固有思维和观念，不要以为世间万物都应该为我所有，杜绝贪婪的念头。其次，培养开朗的性格，比上不足，比下有余，保持心理平衡，做到怡然自得。同时，重视内在的成长与精神的富足，加强和提高理性思维，保持正念，专注当下，减少不必要的担心和忧虑，建立积极的社交圈，并与志趣相投的人互相激励。

适可而止，知足者常乐

何为知足呢？知足，就是接受自己当下遇到的一切，能随遇而安，活在当下，明白一切都是主观客观条件的安排；知足，就是知道自己刚刚好需要多少物质享受、多少精神食粮。

知足，才会感受到真正的快乐，品味到真正的幸福。不知足，生诸多烦恼，让我们陷入不快乐的泥淖之中。

由于乡镇交通不便，小龙便做起了载客的营生。小镇并不大，所以几乎都是些熟客，谁要搭车就提前给他打电话，报地址来接。

这天，小龙的运气似乎不错，车上几乎满员。他美滋滋地开着车，打算跑完这趟车回家吃饭。车子顺利地开到了目的地，最后一位乘客急匆匆地下了车，小龙也没太在意，还在心里盘算着今天的收入。

就在他驱车离开二十分钟后，手机铃声响起。本着驾驶安全的原则，他并没有接。谁料电话接二连三地打了过来，他只能停下车子接通电话。听那头传来了焦急的声音，正是刚刚下车的乘客。对方表示他将手机和一份重要文件落在了后座，马上开会要用，麻烦小龙把这些送到XX酒店，他愿意支付100元作为酬谢。

虽然已经很晚了，但是想到对方那么着急，小龙二话没说就应承下来，连忙掉头往回赶。没多久，他就带着东西赶到了酒店门口。对方感激地握住了他的手，连声道谢，并递出了100元。就在准备将手机和文件递过去的时候，小龙不经意间瞥了对方的大金手链，于是胳膊一拐就将东西藏在了背后。

他没有去接那100元，而是故作犹豫地开口："你看我开了这么久的车也挺累的，这么晚还给你送文件，而且你这文件还这么重要，100元是不是……"他故意拖长了音调，等对方接话。

对方也不觉得不好意思，连忙道："确实确实，那给500元吧，辛苦师傅了！"

"500元？我这大老远的……我也不多要，你给3000元吧！钱一到账立马还你。你不是还着急用嘛。"小龙狮子大开口。

对方闻言，脸色瞬间变得难看起来。他没想到小龙会突然变卦，提出如此离谱的要求。他试图劝说小龙，但小龙却固执己见，坚持要3000元才肯交还。双方争执不下，最终乘客忍无可忍，选择了报警。

警察很快赶到现场，了解了事情经过后，对小龙进行了严肃的批评和教育。在警察的见证下，小龙最终将手机和文件归还给了乘客，并诚恳地道了歉。

乘客出于感激支付酬金已是知恩图报，可小龙却视恩情为要挟的筹码，漫天要价。拾金不昧本就是天经地义，况且乘客愿意进行适当补偿，小龙理应见好就收，适可而止。但在"金手链"的影响下，小龙不知足的心态开始作祟，故意强调自己的"辛苦"和"牺牲"的价值，利用乘客的急迫心理试图索要更多。这一行为不仅是对金钱的过度追求，更是对自我价值认知的扭曲和膨胀。

"人心不足蛇吞象"。人的欲望是无止境的，如果任其膨胀，必将后患无穷。人有了贪欲，就永远不会满足，不满足，就会感到欠缺，高兴不起来。贝蒂·戴维斯在她的回忆录《孤独的生活》中曾写道："任何目标的达成，都不会带来满足，成功必然会引发新的目标。正如吃下去的金苹果都带有种子一样，这些都是永无止境的。"除非你真正懂得常乐的秘诀，否则将永远不会满足于自己所拥有的。

贪婪的人有四大特征：一是把自己的利益放在第一位；二是就算把

全世界都占为己有也不知足；三是认为自己得到的一切都是合理的，而且永不嫌多；四是在最大的好处面前，一切都可以让步。这就是贪婪能导致我们的人生观和价值观产生扭曲的原因所在。

想要戒除贪婪，不为欲望所左右，知足常乐就是最好的破解之道。下面故事中主人公的行为很好地诠释了什么是知足常乐。

> 原江苏省江阴市华西村的党委书记吴仁宝，是一位传奇式的人物。自从他接管了华西村后，华西村在全国率先成为了"电话村""彩电村""冰箱村""管道煤气村""空调村""别墅村""轿车村""全国首富村"。当地村民给他的评价是"身体过硬、思想过硬、作风过硬，华西人离不开他"。
>
> 多年来，吴仁宝恪守"不领全村最高工资，不住全村最好房子，不拿高额奖金"的"三不"原则，就连华西镇人民政府每年批准他拿100万元奖金，他也分文不取。对此，吴仁宝的解释是："家有黄金数吨，一天也只能吃三顿；豪华房子独占鳌头，一人也只占一个床位。"这句话体现了吴仁宝事业成功后的博大胸怀和"身外物，不奢恋"的知足心态。
>
> 吴仁宝不仅恪守本分，不贪不求，还有着高尚道德情操——用无私奉献实现自我价值。知足心态下，物质富足在他眼里如过眼云烟，转而追求更高的精神上的满足。他以实际行动诠释了领袖人格，其精神内核在于奉献、自律、知足与领导力的完美结合。

《道德经》中有云："祸莫大于不知足，知止不辱，知止不殆，可以长久。"这句话说的就是知足之道。知足常乐，可以说为每个中国人所熟知，但是真正能够这样做的人却是少之又少。许多人因为贪得无厌，被外在的东西束缚住了手脚，整天在名利场上奔波，根本体会不到生活的乐趣。

当然，想做到知足常乐也非难事。一方面，我们要感恩并珍惜当下所拥有的，无论是工作、学习还是生活；另一方面要脚踏实地，凭借自己的努力去实现目标，不奢求自己能力以外的东西。此外，为了预防贪念，我们也可以想象过分贪婪可能会带来的严重后果，避免被贪婪驱使，及时地调节自己的方向，不要让莫名追逐成为累赘。同时，定期自我评估，分析过去贪婪的根源，不断成长。如此，才能享受过程，才会有收获，才会有宁静的心境，幸福常伴。

适度的欲望会促使人们不停地拼搏和奋斗；过分的贪欲则会变成一种负担。如果一味地陷于其中，便会错过许多人生乐趣；而欲望少了，便能细细品味出人生的幸福。

不贪小利，方能谋远

正所谓"两弊相衡取其轻，两利相权取其重"，要想有所作为，就不能贪图一时一事的小利。失败者的致命弱点往往是难以割舍小利，固守着眼前的好处，最终舍弃了更加长远的目标。

韩非子曾警示我们："毋见小利。见小利，则大事不成。"有些时候，我们要懂得放弃眼前的利益，只有顾全大局、目光长远才能换获得大的成就。放下是一种勇敢，一种智慧，是为了大踏步地前进。

第七章 不贪婪

从心理学角度来说，"舍小利，谋长远"就是在强调延迟满足，放弃眼前小利以追求长远目标。这要求自我控制与规划，确保方向明确，专注前行。这也关乎风险认知，避免短视导致的潜在危机。在人际关系中，不贪小利者往往更能赢得信任，从而建立稳固的合作网络。

一个温州的年轻人去深圳销售一种高级上光清洁剂。那时，同类名牌产品几乎已将深圳的市场分割殆尽，这个不起眼的年轻人要想在深圳闯出一片天地，并不是一件容易的事。年轻人经过长时间的思考，最终还是决定舍小利，从"当一回傻子"开始，赢得市场。

有一天，他来到了深圳一家著名的高级酒店，找到了酒店总经理，说他愿意为酒店近期的会议任务提供一份免费的清洁服务。总经理在听了他对产品的描述之后，就将60间客房和1间会议室安排给他做清洁工作。他用掉了20盒上光清洁剂，将房间和会议室清理得干干净净，并散发出淡淡的清香。最后，会议开得很成功，大家都很满意酒店的干净整洁。

会议结束后的第三天，酒店老板找到了这个年轻人，对他说："小伙子，你给我们酒店树立了良好的服务形象，帮我赢得了下一项接待业务，2000块钱就当是我们酒店的清洁费，剩余的清洁剂我们都要了。这几张名片是来咨询我的酒店同行，我已经把你推荐给他们了。"

就这样，这个年轻的打工仔敲开了深圳市场的大门，并趁势而进，迅速在深圳打开了局面。

这个温州小伙子的精明之处在于精准把握了人性中的信任与互惠原

则，通过免费提供服务，展现了诚意与实力，赢得了酒店老总的信任与认可。这种先给予后收获的策略，突破了对方的心理防线，使其感受到真诚与合作的价值。同时，小伙子也展现了前瞻性思维，通过小投入换取大回报，体现了以小博大的智慧，最终在深圳市场站稳脚跟。

这就是"舍小利以谋远"的体现，不局限于眼前的"所得"，而是思虑日后的保障。就像孟子说的"数罟不入洿池，鱼鳖不可胜食也"。一味去捕捉小鱼往后就无鱼可求，唯有暂释眼前的小利方能成就日后的大成。

大量的实践证明，唯有高瞻远瞩，综合考虑，从整体上分析和进行判断，弃小取大，才能作出正确的抉择。所谓高瞻远瞩，就是要有一个清晰的远景，敢于舍弃眼前的小诱惑。一方面要有远见，权衡短期和长远的利益，果断作出决定；另一方面，还需要持续地投入与努力，让自己变得更强，这样才能更有信心面对接下来的考验，而不会被各种眼前利益所迷惑。总而言之，舍小利是为了更大的收获，要有耐性和恒心，着眼于长期的目标实现。

第八章 不愤怒

愤怒往往源于内心的无助与不满,是人类情感的自然流露。但是一个有教养、有涵养的人不会让愤怒不加节制地自由发泄。掌控愤怒的情绪是一个人最大的能力——这意味着我们有能力以更加成熟和建设性的方式去应对挑战,不被困难所击倒,活出真正的自我。

愤怒就是灵魂在摧残自身

愤怒由对客观现实某些方面不满而生成,是对触发因素的一种自然反应。大多数人会经常感到愤怒。在原始社会,愤怒是我们生存的主要情绪,能帮助人类保持警惕性和储存食物,所以被视为积极的情绪。如今,愤怒常与不良行为联系在一起:表面看起来这是由于自己的利益受到侵害或者被人攻击和排斥而激发的自尊行为,其实用愤怒的情绪困扰灵魂,是一种自我伤害。

生而为人,难免会在与人交往的过程中产生不快。但殊不知,点燃心火无异于激活痴嗔。这种仇视、愤怒以及怨恨的心理,则会为灵魂带来烦恼和不安,也会给我们的身体带来一系列问题。所以,人们常说"灭却心头火,胜点佛前灯"。唯有熄灭愤怒之火,才能点燃理性与智慧的明灯。

某天,小李搭乘了一辆出租车前往市中心的一家酒店,准备参加一个对他而言意义重大的行业交流会。上车后,他发现三十多岁的出租车司机面容显得有些憔悴,面色泛黄,眼神中透露出难以掩饰的忧虑,整个人给人一种不太健康的感觉。

不久,车子经过一个路口时,遇上了红灯,司机习惯性地踩下了刹车,但随即猛地一拍方向盘,嘴里不自觉地蹦出了一连串的脏话，生气地说道："这红灯来得真不是时候，烦死了！"小李坐在后座，默默地看着这一切，没有说话。

　　随着绿灯的再次亮起，车辆缓缓启动，但没开出多远就看到一位老太太正颤巍巍地走在人行横道上。司机见状，不禁皱起了眉头，顿时又大骂起来："老太婆走这么慢，那干脆别出门啊！"

　　终于等到老太太过了街，前方又出现了交通拥堵。原来是一位骑摩托车的交警正在对一辆违章的公交车进行处罚。司机再次被迫减速，这次他的情绪明显失控，火气更大，大声骂道："这些交警，就知道罚款，是不是罚款跟他们的奖金挂钩啊？"

　　随着他的骂声，话题逐渐扩展，从交通问题扯到了社会现象，甚至开始批评起贪官污吏、权钱交易以及不断上涨的油价，一路骂骂咧咧。最后下车时，小李忍不住对他说了一句："司机师傅，现在我知道你为什么脸色这么不好了，可不都是脾气惹的祸嘛！"

　　相信很多人在日常生活中也遇到过这样的司机师傅，或者自己本身就是个"路怒症患者"。其实对于他们在愤怒时所产生的心理状态并不难理解，绝大部分的愤怒都来源于压力。故事中的司机长时间的驾驶工作，不规律的作息，以及可能的家庭或经济负担，都可能导致他内心的压力不断累积，于是人为地给自己制造了许多"不如意"（如红灯、交通拥堵等），将小挫折放大为负面情绪。这种负面认知加剧了他的不满和愤怒，并通过言语爆发出来。

　　有些时候，我们一开始没那么愤怒，但越想越气，越想越不对，甚至食不知味、夜不能寐。如果没有发泄出来，也不懂化解，时间一长，愤怒就长成了一棵大树。此时，你就会发现生活越来越糟糕，觉得周围的人都在针对你。

　　61岁的蔡婆婆半个月前喜得孙子，虽满心欢喜却也伴随着新的挑战。出院回家后，媳妇要婆婆按照育儿百科书来喂养，希望给予孩子最科学的照顾，但蔡婆婆坚信自己多年累积的育儿经验是最可靠的，并不愿意妥协。于是，二人在育儿理念上产生了冲突，几乎每天都在争吵，整个家庭都弥漫着愤怒的战火。直到有一次，蔡婆婆又因为给孩子垫尿布，再次同儿媳争执起来，老人越想越气。刚要摔门出去时，突然感到右眼胀痛，视线变得模糊，并伴随着阵阵恶心与反胃。她以为是情绪过于激动所致，并未在意。但第二天醒来，情况非但没有好转，反而更加严重，眼前的世界仿佛被一层浓雾笼罩。家人见状，立刻将蔡婆婆送往医院。经过一系列细致的检查，医生诊断蔡婆婆为急性闭角型青光眼发作。这是一种严重的眼部疾病，可能与情绪波动、过度疲劳等因素有关。

　　从心理学角度来探讨，发怒的原因有很多种，而蔡婆婆的愤怒主要是由固执和沟通不良所引起的。一方面，她长期的自我封闭，认为自己作为长辈，长久以来的经验是毋庸置疑的，不能被挑战的，并且她希望用攻击他人的方法来抚平自己混乱的思绪；另一方面，她和儿媳的沟通从未良好地展开和进行，所以很容易造成误会。蔡婆婆也因此心中充满怒火，忽略了很多客观事实，甚至连他人的话都听不进去。愤怒上头会掩盖一些感觉，便什么也不管不顾了。

　　美国的一些心理学家曾经以人为对象进行过实验：他们将有生气情

第八章 不愤怒

绪的人血液中含有的物质注射入小白鼠体内。观察发现，那些小白鼠初期表现呆滞，食欲下降，整日不思饮食，没过多久，就默默地死去了。此外，据研究，一个人在生气十分钟内消耗的精力不亚于参加一次3000米赛跑，并且生气时人的生理反应异常激烈，产生的分泌物比出现任何情绪时都要复杂，并且具有毒性。也就是说，人们在生气的时候体内就会产生毒素，这种毒素显然是危害人们身体健康的。因此，动辄生气的人很难健康。

我们应该尽快给自己愤怒的情绪找一个出口，解除这种精神压力。我们可以通过听轻音乐、看幽默电影、深呼吸、正念冥想等，帮助自己在面对压力时保持冷静和理智。同时，要学会从多个角度看待问题，如将红灯视为短暂的休息机会，将不同的育儿经验作为一种新奇的体验，增长自己的见识。如果实在忍不了，可以把想要吐槽、辱骂的话或人都写在纸上，说出你的挫败感，等冷静下来以后用它来反省自己。或者愤怒时在心里默数十个数，因为大脑可能需要13秒的时间来控制情绪。所以，当你察觉到愤怒情绪后，慢慢数到10是平静自己情绪的有效方式。

生活中处处有不如意的地方。如果我们总是因为那些不合心意的事情不愉快，从而产生消极情绪，这就相当于是在摧残自己的身体，可以说是在自虐。控制自己的愤怒情绪，从而避免让灵魂受到伤害，是完全在我们的力量范围之内的。

生气伤身，何必为别人的错买单

思想家亚历山大·蒲柏说："愤怒是由于别人的过错而惩罚自己。"我们愤怒于别人的言行，让愤怒占据了大部分的灵魂空间。灵魂负载着重担，再无法关照自身，更不能得到任何形式的提升，反而在愤怒情绪的支配下更加容易丧失理智，甚至越来越远离人的理性，接近动物的蒙昧。结果，导致我们愤怒的人享受着愉悦的心情，而我们却被囚禁在愤怒的牢笼中，无法解脱。

小丽是上海的一位女孩，硕士学位，和男朋友已经谈了三年恋爱，如不发生意外的话，他们即将走进结婚的殿堂。可就在这时候，男朋友居然和她提出分手，小丽一时想不通，她非常伤心。

此时此刻，小丽根本想不到她男朋友居然爱上了她最好的朋友小凤。可她们是怎么开始，感情又是怎么发展起来的？几天后在得知这一消息后，她怎么也想不通自己要好的朋友居然夺走她的心上人。一气之下，她决定要去找她的朋友问个清楚。

这天，正好周末，小丽一大早就来到小凤家。小凤刚开门，小丽就怒火中烧地吼向她："我当你是我最好的朋友，你为什

第八章 不愤怒

么要抢我男朋友？有你这样做人的吗？！"

小凤笑道："好朋友又怎么了？他早就不爱你了！我们两个在一起才是真正的缘分，请你马上放弃吧。如你再纠缠他，我就对你不客气了。"

听完小凤的话后，小丽更加生气了："明明就是你的错误，你还有理了！"于是她控制不住自己的情绪，大声骂起来了，甚至还打了小凤一巴掌，甩门而去。转头又找到男朋友，苦苦哀求他和小凤分手，回到她身边，然而一切都无济于事。

小丽被愤怒冲昏了头脑，每天躲在男友家楼下，等着见男友一面，最后的一幕使她彻底地崩溃了：她男友温柔地搂着小凤，为她遮雨，而男友从来没有这么温柔地对待过自己。回家后她将自己反锁在屋内，终日饮酒，直到住院。

"小姑娘，有什么想不开呢？"当时住隔壁床的一个老奶奶说道："其实人一辈子就那么几十年，没有什么是过不去的坎，做人何必这么执着呢？你看你妈妈，这几天她为你忙里忙外，整整两天没有合眼。"听到老奶奶的话后，小丽终于想开了。

小丽因男友的背叛与挚友的介入而心生怒火，愤怒源自她感受到的失控、背叛以及自尊的严重受损。她试图通过质问和冲突宣泄愤怒，却逐渐陷入自我惩罚的循环：情感消耗、自我孤立，甚至身体健康受损，都是她自我惩罚的明显体现。老奶奶的劝慰让她开始反思，及时地遏制住了愤怒，没有用这些负面情绪来继续折磨自己，而是调整好心态、接受现实并寻找新方向。这说明心理韧性（即在逆境中恢复并成长的能力）对于个人而言具有极其重要的价值。

做人应该懂得克制自己，要懂得去包容生活中的各种不如意。当别人伤害你时，不要总是愤怒地做出回应，而应该静下心来，寻求更为和平的方式来解决矛盾。如果因为别人的错误而生气，那么实际上就是用他人的错误来惩罚自己，因为你最终会因为愤怒而受到更大的伤害。

有一位名叫小林的青年，他性格温和，心地善良，是镇上人人称道的好青年。二十五岁那年，一场突如其来的风暴席卷了他的生活——他被卷入了一场莫须有的阴谋之中，被冤枉入狱。监狱的生活如同炼狱，终年不见天日，冬日寒风刺骨，夏日酷暑难耐，每一天都是对身心的极大考验。然而，更令小林难以忍受的是，他深知自己是清白的，却无力证明，而真正的罪魁祸首却依然逍遥法外。

于是，他天天在牢里生闷气，仇恨、诅咒那个陷害他的人。日复一日，年复一年，愤怒如同野草般在心中疯长，无法根除。十年后，冤案终于告破，小林重获自由。可陷害他的人依然逍遥法外，这让小林无法接受，难解心头之气。

这一心病让他没过几年便卧病不起。弥留之际，他仍没放下心中的执念，还在愤恨地诅咒陷害他的人，直到死去。

可以说小林是幸运的，也是十分不幸的。幸运的是，小林最终沉冤得雪，恢复自由；不幸的是监狱囚禁了他十年后，自己心底的怨恨、气愤、诅咒又再次囚禁、折磨了自己许多年。蒙冤入狱十年的遭遇让他感到十分不公平，所以他委屈、生气、怨恨。可他生气也好，怨恨也罢，都不能改变事实，挽回已逝的青春年华。归根结底，他只不过是拿别人的错误惩罚自己而已。

试想，如果他的心里没有仇恨与抱怨，原本他还可以无忧自在地活到老。但是他选择了另一条狭隘的、充满了仇恨和愤怒的路，让生命困在阴影和枷锁里，不见阳光和自由。如果说一开始是别人的错误造就了他的痛苦，那么最终，错的其实是他自己。

其实，人只要肯换个想法，调整一下态度，或者移转一下视角，就能让自己有新的心境。只要我们肯稍作改变，就能抛开坏心情，迎接新的处境。因此，有了怒气的时候，不要憋在心里，而应当想办法进行疏导。在一些情况下，我们能作出的最好反应，就是承认自己受了委屈，并承认再与那个伤害自己的人争论也无济于事，于是决定接受这个事实，拒绝让已经发生的事情侵蚀自己的幸福感。这是处理愤怒的最佳方法。还可以从心理上多暗示自己，对自己说：我可能会遇见好管闲事的人、忘恩负义的人、傲慢的人、欺诈的人、忌妒的人和孤僻的人，但我不和无知的人争高低，将他们当成傻子，放过自己。

生活中不顺心的事十有八九，要做到事事顺心，就要做到放得下，生气的事让它过去，不放在心上。如果你总是念念不忘别人的过错，实际上深受其害的是自己的心灵，搞得自己狼狈不堪，不值得。只有既往不咎的人，才能甩掉沉重的包袱，大踏步前进。

不迁怒，让愤怒到此为止

当生活中遇到磕磕绊绊、不顺心的时候，很多人就会不自觉地迁怒于他人，自己受了气或遇到不如意时拿别人出气。迁怒在心理学上也叫"踢猫效应"。它是指一个人发脾气，针对的是资源、实力与自己不对等的弱者，或者确定不会对自己反抗的对象，发泄不满情绪而产生的连锁反应。当一个人向周围的人发泄情绪时，这种负面情绪往往会转移，并且往往会"自上而下"式地层层传递。

一位先生在上班之前突然看到外面正在下雨，但是却找不到雨伞。他东翻西翻没有找到，渐渐没有了耐心，一边找，一边骂，并且不断地抱怨着妻子什么东西都乱放，眼看快迟到只得急匆匆地打车走了。下班回家后，他忍不住给回娘家的妻子打电话。电话一接通，他立刻大发雷霆："你到底把雨伞藏到什么地方了？我找了好久都没有找到……"妻子原本看到老公来电心情不错，一下子被他这样的大吼大叫弄得不高兴，于是就说道："那个东西放在阳台的壁橱里已经有十年了。"随后，"啪"的一声挂掉了电话。就这样，妻子原本打算早些回家的计划被丈夫乱生气的举动给破坏了。

生气的她本想再次拨通丈夫的电话，愤怒地予以回击，但理智告诉她，这样做只会让事情变得更糟。于是，她转而拨通了母亲的电话，开始倾诉起自己的委屈和不满。在母亲的安慰与劝解中，她的情绪找到了一个宣泄的出口，逐渐冷静下来。

反观挂断电话后的丈夫，心中怒火非但没有平息，反而像是被浇了油一般，烧得更加旺盛。他怒气冲冲地回到客厅，一脚踢开了脚边无辜的鞋柜，鞋子散落一地。

他看着满地的狼藉，心中的不满与愤怒到达了顶峰。他迁怒于家中的每一件物品，仿佛这一切的不顺都是它们造成的。他用力拉开抽屉，将里面的文件、笔记本一股脑儿地扔了出来，纸张纷飞，散落在地板上。

"为什么连你们都要跟我作对！"他咆哮着，声音里充满了无奈与绝望。就在这时，门铃响了，打断了他的发泄。他怒气冲冲地走过去开门，以为是妻子突然回来，准备继续这场未完的争执，却发现是邻居家的孩子，手里拿着一个他之前借给孩子的游戏机。

"叔叔，我来还你游戏机。"孩子天真无邪地说，完全不知道眼前这位叔叔此刻的心情。然而，这位先生却将满腔的怒火迁怒到了孩子身上：他粗鲁地接过游戏机，没有一句感谢，反而没好气地说："下次别再这么晚了，打扰人休息！"说完，便"砰"的一声关上了门，留下孩子一脸茫然地站在门外。

回到屋内，他望着满室的狼藉，终于意识到自己的失控与无理。但此刻的后悔已无法挽回他刚才的行为，尤其是对妻子和无辜孩子的伤害。

这位丈夫的心理反应揭示了一种典型的情绪转移机制。在找不到雨伞的挫败感与对妻子的不满交织下，他未能有效管理自己的情绪，而是选择将这股愤怒无差别地发泄于周遭——无论是无辜的家中物品，还是邻家孩子。这种迁怒行为已经不仅仅是情绪调节能力不足的问题，而是对问题本质的逃避。面对自身的问题，他更倾向于寻找外部替罪羊，以此来减轻内心的压力和不安。然而，这种行为非但无法解决问题，反而加剧了人际关系的紧张，甚至可能对自己和他人造成长期的心理伤害。

迁怒往往会带来一系列不良后果，所以"不迁怒，不贰过"，也就是说让愤怒到此为止，不迁怒别人，就是不再犯错。

不迁怒就是让自己的"情绪成年"，所谓情绪成年，就是完全对自己的情绪负责，不把自己的坏情绪怪罪到别人身上。正确的做法应该是解析自己的愤怒并反思自己，把愤怒转变成有用的、建设性的行为，去解决愤怒背后的问题，而不要把别人当替罪羊。迁怒于人没有任何积极作用，反而会让自己的情绪失控，被愤怒这种情绪奴役，迁怒到他人身上，害人害己。

如何反思自己？第一，要认真思考，挖掘根本的原因，看看问题究竟出现在哪里，更要懂得反省自己，不要总是数落别人的不对。第二，要正确地衡量自己。错误是不是全部出现在别人身上？自己到底有没有错误？假如事情的方向发生了转变，要反思自己是不是哪些方面没有顾及，导致了事情的改变。

那些因冲动而起的连锁反应，往往是阻碍我们清晰认知自我与他人的遮眼布。不迁怒他人，不要拿别人当出气筒，自己消化愤怒的情绪，宽宏大量，宽厚待人，如此不仅有益于身心健康，也利于提高自己的道德修养和思想水平，于人于己都会有益而无害。

抑制怒气，给情绪降温

人在愤怒、情绪激动的时候，智商几乎降到一个精神病人的标准。一旦人的理智被强烈的愤怒冲溃，就连最基本的判断都会失去，更别说作出什么正确的决定了。

如果说贪欲是一剂穿肠毒药，那么嗔怒就是一把刮骨钢刀，而且比刮骨钢刃更为锋利。事事都生气，活得也累，难得人世走一遭，潇洒最重要；同伴的批评、朋友的误解，过多的争辩和生气实不足取，唯有冷静、忍耐、谅解最重要。故而心生愤懑时，一定要找到事件产生的真正缘由，及时调整自己，让自己冷静下来，然后再去理智地面对。

> 小梅表姐家闺女叫豆豆。
>
> 前些天，豆豆在写作业，表姐生气了，大声说："说了好多遍，怎么又不注意姿势！你这样下去很快就成近视眼了！还会成为驼背！怎么说你都不听！以后不管你了！"
>
> 她生气时，声音很大，把孩子吓哭了。事后表姐自己也很难受。
>
> 小梅问表姐："你觉得这样好不好？"
>
> 表姐无奈道："我知道这样不好。但当时控制不住情绪啊。我担心她，说了很多次也不听，情绪就来了。"

这个场景相信很多人都熟悉吧。多少宝妈宝爸都被孩子逼到破口大骂，甚至因为辅导孩子写作业而被气到住院的也大有人在。表姐式家长的愤怒行为背后涉及多方面：一是期望与现实的差异——家长常对孩子抱有高期望，当期望与现实不符时，易产生挫败感，进而通过愤怒表达不满。二是孩子脱离了自己的掌控而引发出的不安全感——部分家长试图通过严格控制来塑造孩子，当控制失效时，生气成为重申权威的方式。三是忽视了自己作为成年人与小孩在心理、需求及应对方式上存在的差异。例如，小孩可能更关注眼前的快乐和满足。而大人则更注重长远的结果和影响：各自对事物的理解和自我要求标准的不同让家长极易抓狂。

所以，跟孩子沟通需要讲方法，有耐性，因为孩子很少能理智地面对问题。如果我们强硬地表达自己的想法，那么换来的肯定是他们的不理解，并且很可能会加重他们的叛逆思想。当孩子对我们的不满越积越多的时候，在他们的眼里，我们也就成了恶人，再没有办法走入他们的世界了。

火气越大的人越容易发怒，而愤怒常常让人失去理智。如果长期被这种情绪所控制，可能在心理上形成焦躁、恼恨、忌妒、粗暴等情绪，让我们的生活从此失去谦和的氛围。用理智战胜情绪就要学会制怒，学会隐忍，培养交往中必要的情商，不要因为一点儿小事就气急败坏、咆哮如雷、情绪失控，否则你将毁掉你全部的人缘。

小萌因为自幼受宠的缘故，从小脾气就不好，稍不如意就大发脾气。这一点令家人头疼。成年后，她在学校与职场经常受挫，臭脾气得罪了不少人，终于决定改变。这时，小刘出现，

第八章 不愤怒

以爱之名承诺包容她的一切,坦言无论好坏都全盘接纳。这让小萌放弃了自我修正的机会。

刚开始,小萌对小刘的宽容心存感激,但随着时间推移,她的脾气越发火爆,甚至对小刘动手动脚,当众斥责。小刘虽然尽力忍耐,但渐渐感觉力不从心。他建议小萌能适度控制自己的情绪,却触怒了小萌,认为他没有遵守诺言,从始至终地包容自己。于是两人不欢而散。

小萌以为这次小刘也会像以前那样,再次原谅自己,没想到小刘决定分手离开,只留下一封深情又决绝的信。

经过一段时间的深思与自我反省,小萌意识到小刘的离开虽然痛苦,却也是对她成长的一次重要提醒。她决定与亲朋好友沟通,分享自己的困扰和决心改变的心情。在家人和朋友的鼓励和建议下,小萌报名参加了瑜伽课、心理课、美术课等,还加入了一个读书社团。这些活动帮助她学会了在情绪即将爆发时如何深呼吸、冷静思考,并找到更健康的表达方式。

随着时间的推移,小萌逐渐学会了控制自己的情绪,不再轻易发脾气。她变得温和、有耐心,与人相处也更加融洽。她开始积极参与社交活动,重新建立了自己的社交圈子,并在这个过程中收获了更多的快乐。

小萌的愤怒离不开家庭、爱情的纵容。在她的家庭中,父母的包容或娇惯导致她动不动就会对家里人发脾气、不耐烦;在爱情里,男朋友对小萌的包容也是在放纵她的坏脾气朝着不可控的方向发展,导致她变本加厉。虽然说"本性难移",但是幸好小萌这种主要由后天环境造成的易愤怒的性格,通过努力很好地调适和控制住了。

从心理学的角度来说:脾气的爆发往往是因为外界的刺激在大脑皮层引起了强烈的兴奋,进而出现了"意识狭隘现象"。这种有害的兴奋进一步扩展以后,就有可能排斥正常理智,从而产生怒气。要想克制这种不良情绪,可以借助他人或者其他物品,也可以采用一些自我暗示的语言来进行缓解。需要注意的是,愤怒的情绪必须通过正确的方式和途径进行控制和疏解。

愤怒管理关键在于早期干预,那该如何做呢?

可以通过意识控制,如自我暗示"冷静思考",来避免情绪升级;培养同理心,体谅他人感受,减少迁怒;再者,学会宽容,面对冲突时保持大度,让怒气自然消散;聆听柔和音乐有助于安抚情绪,改善暴躁性格;调节环境,让明亮整洁的环境和自然美景调节情绪;将怒气转化为积极动力,投身于文化、艺术等活动中;沉默与自我冷静:通过短暂独处与自我调整,让愤怒转化为理解与宽容。这些方法综合运用,能有效在愤怒潜伏期遏制情绪爆发,实现情绪管理的最佳效果。

能够自我控制是人与动物的最大区别之一。控制情绪是一项技术,更是一项艺术,可以通过学习而掌握。当你能够控制情绪时,你就掌握了成功的先机。

第八章　不愤怒

戒嗔修心，化生气为争气

在生活的纷繁复杂中，嗔怒如同隐藏在心底的暗火，稍不留意就会熊熊燃烧，将我们的内心平静与外在和谐焚烧殆尽。然而，"戒嗔修心，化生气为争气"却为我们提供了一条走向内心祥和与自我提升的智慧之路。

嗔怒是一种强烈的负面情绪。当它发作时，身体会迅速做出反应：心跳加速、血压升高。长期处于嗔怒状态会对身体健康造成严重影响，如心血管疾病的风险增加。从心理层面来看，嗔怒会蒙蔽我们的理智，让我们无法做出正确的判断。在盛怒之下，我们可能会说出伤人的话，做出冲动的事，这些行为过后往往会给我们带来深深的懊悔。

每个人都希望得到他人的重视、尊重、欢迎，但有时又难免被人嘲弄、受人侮辱、被人排挤——生活给了我们快乐的同时，也给了我们伤痛的体验。但这就是生活，是我们必须面对的真实人生。在这种情况下，有的人能够坦然面对，将痛苦化为向上的动力；有的人或者怒上心头，或者沮丧不前，怨天尤人。其实，很多时候你大可不必斤斤计较，与其生气不如争气，去做得更好，使自己变得更强大——在这一过程中许多问题都会迎刃而解。

加藤信三是如何成为日本狮王牙刷公司的董事长的呢？答案就

是——不生气的智慧。

加藤信三，起初仅是狮王牙刷公司一名普通职员。面对自家牙刷常致牙龈出血的困扰，他也曾火冒三丈，打算去技术部门发一通牢骚。但他很快就意识到单纯地发泄愤怒是没用的，不如冷静下来分析原因。通过调查，他找到了问题根源，提出并实施了改进方案，将刷毛切割方式调整，使顶端变为圆角，有效解决了刷牙出血问题。这一创新不仅提升了产品质量，更赢得了市场青睐，为公司带来巨大成功。加藤信三凭借这一贡献，逐步晋升为主管，最终荣升为董事长。

加藤信三很好地控制了自己的情绪，并且将这件事情变成了使自己成功的机会，成就了自己的事业。

生活中，到处都充满机遇。但是，那些机遇并不会上门来找你，而是需要你去寻找。在寻找的路上会遇到挫折，受人冷落，并且有时候你找错了地方，敲错了门，机遇一样不会理睬你。如果你因此而恼怒、放弃，机遇更不会为你敞开大门。只有你不断努力发展自己，充实自己，才能敲开机遇的门。

一个名叫拉升·彼德的男士在海军服役两年后，回到了华盛顿。之前服务的那家广播公司正等待他继续去做播音工作，但是换了个新上司。由于某种原因，这位新上司好像不大情愿接受他。他憋着劲儿要在各个方面和他的上司见个高低，于是他冷静、谨慎地工作着。

新上司对他主持的节目时间重新安排以后，他按捺不住了——新安排的时间将近午夜。他怒火中烧，准备和上司干一架，但是为了饭碗他还是忍了下来。和他搭档接受了这个倒霉的时间安排，兢兢业业地工作着。在三年后，他的节目成为华盛顿首屈一指的节目。

随着时间的流逝，上司的态度也变了。后来，他们成了好朋友。彼得忍住了新上司对他的"不公"待遇，化"生气"为"争气"，最终取得了事业上的成功，也赢得了上司对他态度的转变，还与上司成为了好朋友。

加藤信三与拉升·彼德的故事，展现了将愤怒转化为动力的智慧。作为狮王牙刷的普通职员，加藤面对牙刷刷出血的问题，没有愤怒、抱怨，而是冷静分析，提出创新方案，成功改进产品，最终晋升为董事长。同样，拉升·彼德在面临新上司的不公安排时，选择隐忍与努力，将挑战视为机遇，最终成就卓越节目，赢得上司的尊重与友谊。

两人皆以长远眼光和积极心态，将负面情绪转化为行动的动力。他们教会我们在面对困境与挑战时，不应沉溺于愤怒，而应冷静思考，积极寻找解决方案，并通过不懈努力，将不利因素转化为成功的契机，实现个人成长。这种化"怒"为"力"的精神，是职场与生活中不可或缺的宝贵财富。

生气转化为争气的过程并不容易。要想实现这一转变，有两个核心策略：第一，你必须不断地分析你的行动可能带来的长期后果；第二，你必须不屈不挠地按照符合你的最大利益的决定而行动。

具体来说就是：建立定期反思机制，回顾自己的行为和决定，以此调整自我；培养分析能力，汲取经验教训，把它们变成自己的成长养分；

乐观面对挑战，设定目标并分阶段实现，主动解决问题；重视心理素质的培养，锤炼意志，增强自信心和责任感。只有这样，我们才能以更平和的心态去应对人生中的各种考验，才能实现个人价值与社会贡献的双重提升。

愚蠢的人只会生气，聪明的人懂得去争气。人生有顺境也有逆境，但不可能处处是逆境；人生有巅峰也有谷底，但不可能处处是谷底。因为身处顺境或巅峰而趾高气扬的人，以及因为身处逆境或低谷而垂头丧气的人，都是浅薄的。真正的人生需要磨炼。面对挫折，如果只是一味地抱怨、生气，那么你注定永远是个弱者。

第九章 不愚昧

愚昧之人的精神田野一片荒芜,只有智慧能使其重新郁郁葱葱。"不愚昧"代表着对世界的深刻理解与明智的抉择。在纷繁复杂的世界中,保持不愚昧,才能以清晰的头脑洞察事物的本质,不被表象所迷惑,不轻易被情绪或偏见左右。

戒"一知半解"

俗话说:"真人不露相,露相不真人。"我们经常会见到有些人爱"显摆"自己的文学知识、外语口语能力、食物养生之道等;还有人总是故作高深地和他人讨论时事新闻,然后给出云里雾里的评价,让人一时摸不着头脑。诸如此类者多是"半瓶水",他们总是坐井观天,觉得自己的"半瓶水"很够用;自以为周围人的见识也有限,因此,就可以在"矬子"里面当一回"将军"。

实际而言,一知半解比一无所知更可怕,那是因为一叶障目的人避免不了谬误,而一知半解正是把这种谬误的恶果同无知的恶果叠加在一起。

当我们对某个话题或领域只了解皮毛时,很容易就会因为一点儿小小的成就而沾沾自喜,却不知自己只是触及了冰山一角。这种浅尝辄止的态度,不仅无法让我们真正掌握知识的精髓,反而可能因误解或误用而引发笑话,甚至造成不必要的麻烦。

有位外国友人名叫杰克,初到中国时对这里的一切都充满了好奇与赞叹。一天,他在办公室里,满脸兴奋地与他的中国秘书小杜交流道:"你们中华民族的确是一个勤奋的民族,这一点我深感敬佩。"

小杜闻言，微笑中带着一丝好奇，问道："哦？杰克先生，您为何会有这样的感慨呢？"

杰克得意地指了指窗外说："每当我早晨走在街道上，常常可以看到路旁的招牌写着'早点'两个大字，这不就是在提醒过路上班的人不要迟到吗？"

小杜被杰克的误解逗乐了："杰克先生，您真是太有趣了。在中国，招牌上写的'早点'是指的早餐，早上吃的餐点。"

杰克不好意思地笑了笑："原来如此！看来我在学习汉语的路上还有很长的路要走呢。不过，这也让我更加期待能深入了解这个充满智慧和文化的国家了。"

虽然只是个误会，但这位外国友人确实因为"只知其一，不知其二"而闹出了笑话。他在看到"早点"招牌时，没有进一步探究其背后的文化内涵和具体含义，而是直接根据自己的第一印象和既有知识进行了简单的推断，将"早点"直接与"提醒不要迟到"联系在了一起，这实际上是对该词汇的片面理解。

若只是像杰克这样因文字误会让大家一笑而过也无伤大雅，但事实上，一知半解所潜藏的隐患与后果远不止此。因为一知半解的脑袋最为顽固。当一个人对某个领域或问题只有浅显的了解，却自以为掌握了真理时，他们往往容易变得固执己见，难以接纳新的观点或深入的思考。这种顽固或出于对自我认知的盲目自信，或源于对未知的无知与恐惧，但绝不是因为坚实的理论储备或深刻的洞察。在这样的固执思维下做出的决策又怎么能不草率、不盲目呢？

小李，一个混迹职场五年的白领。日复一日的平淡生活让他倍感厌倦，微薄的存款更是让他觉得人生无望。落寞之余难免跟好朋友吐槽："要是能一夜暴富就好了。"

朋友顺口说起同事新手炒股、月入近万的故事，如同荒漠中的甘霖，激发了他对财富增值的渴望。

小李迅速行动起来，去书店买了所有当下最热门畅销的炒股教学书籍，还跟着网络炒股高手在线学习。

一个礼拜以后，小李学会了看报价表，知道了沪指的A股市场的风向标，也能熟练地谈论起日K线、月K线的起伏，仿佛自己已经掌握了股市的密钥。于是，便自信满满地踏入股市，用一部分积蓄试水。

初期，市场仿佛对他格外青睐，股票连连上涨，他沉浸在胜利的喜悦中，每天都与同事们分享他的"成功"故事，享受着那份来自他人羡慕的目光。沾沾自喜的他早就忘了自己只是个"半桶水"。

在大盘持续走高时，他甚至倾囊而出，梦想一夜暴富。

然而，股市风云变幻莫测。不久，小李手中的股票开始下跌，他并未太过在意，认为这只是"大师"所说的暂时调整，很快便会反弹。但时间愈久，跌幅愈大，小李没有了把握，他发现自己虽掌握了一些基础，却对何时该卖出、如何应对风险一无所知。

可怕的是，当小李准备抛售时，股票断崖式崩盘，瞬间，所有积蓄大幅缩水。他面对那刺眼的红色数字，心中充满了绝望和悔恨。

第九章 不愚昧

小李在股市中的失败，很大程度上源于他的"一知半解"。他仅凭一周时间的自学，就自认为掌握了股市的奥秘，实则只是触及了表面知识。这种对股市的浅尝辄止，让他在面对市场波动时缺乏足够的判断和应对能力。他既不了解股市的深层次逻辑，也无法准确评估自己的风险承受能力，更未能建立起有效的风险管理机制。这种心理状态下的投资，无异于盲人摸象，注定了他的失败。

一知半解，往往是我们在探索新知时容易陷入的境地。它如同迷雾中的微光，虽能照亮前方一小片区域，却也让人忽视了周围更广阔的未知。在学习新知识、掌握新技能的过程中，一知半解可能带来暂时的满足感和自信，但长期来看，它更像是一座隐形的障碍，阻碍着我们向更深层次的理解迈进。

所以，我们应该打开自己的眼界，看看更高更远的世界，长长见识。如此，我们就会知道：在自己生活之外的地方，还有很多比我们强大许多的人；"知之为知之，不知为不知"，大胆承认自己浅薄的一面，向真正优秀的人学习，努力完善自己；戒骄戒躁，即便在成功面前也要保持清醒的头脑；即便觉得自己确有才智，也应该注意自己的涵养，不要到处炫耀，忘乎所以，而是尽量控制自己的心态，以谦逊的态度为人处世。

我们应当对知识保持谦逊和敬畏之心，认识到自己的无知与不足。在一知半解之后，更要勇于深入探索，不断追问"为什么"和"怎么样"，力求达到全面而深刻的理解。只有这样，我们才能在知识的山峰上，站得更高，看得更清。

做人要有自知之明

你是否拥有自知的能力呢？自知的能力，通俗地说，就是一种了解自我的能力。"认识自己"是最难得的见识。它包含了对自己能力优势的了解和对自己不足的了解。人如果不能对自己有一个准确的了解，就会出现心理障碍，或是盲目傲慢，或是妄自菲薄排斥自我。这样，一个人就很难在一条正确的道路上前进。

人们了解自己的最常见的情形就是名声的好坏、能力的高低，但它们都只是从外在给出的定义，并不是自己的本质。虽然，很多时候我们都会说，只有自己才知道自己的实力，可事实上，我们反而缺乏对自己的了解。其实，唯有对自己认知清晰，对自己有充分的了解，才能发挥自己的长处，找准自己的位置，从而实现更好的人生价值。如果不肯把眼睛放在自己身上，就无法看见自己的真实面貌，也就难以实现自我超越。

小徐从一个仅有50多人的山村考入了北京大学，并从那一刻起，决定在这个城市生根发芽，再也不回那个名叫"故乡"的穷乡僻壤。但是，出身贫寒的他却从来没有在这座城市真正地自信过，哪怕如今他已是一名知名大企业的正式员工。

他处处好强，时时都想要争胜。"不能让人家瞧不起！"

这种意识在他的脑海中不时响起。但是，周围的同事虽然能力并不如他，却拥有较好的家境、良好的修养。虽然成年以后小徐一直在努力，但有些东西注定从儿时开始就会影响一个人的一生。

一日，同事无意间说起自己出差时被人讹钱的遭遇，顺带说了一句："农村人就是难缠！"小徐的神经立即被挑动了：他联想到平日里这位同事的严格与两人曾经有过的嫌隙，认定对方就是故意要说给他听。于是，两人在办公室大吵一架。

一句与当事人并无直接关联的话，却惹得小徐如此愤怒——归根结底，是由于小徐本人自卑感太浓厚，没有正确地认识自己。其实，这是自卑驱使下的误解与过激反应。自卑心理是由于不适当的自我评价和自我认识所引起的自我否定、自我拒绝的心理状态。自卑，并不是指客观上看自己不如别人，而是主观上认为自己不如别人，认为自己不够好。在情商领域中，自卑从来不是恶魔，更不是不将其斩草除根人生就没有希望。相反，自卑就如心理学家阿德勒所说的那样：自卑是人追求向善的动力。正是因为自卑，人才会想要超越现在的自己。

如果说自知是一面镜子，那么自卑就是凹透镜，而自负则是凸透镜。自负的人往往给自己太多的粉饰，滤镜太厚，归根结底还是自我意识太重、主观性太强。我们都认为自己不错，也喜欢听别人夸赞自己，而对于自己的缺陷，我们会本能地去掩饰；对于别人的批评，我们会本能地去排斥。于是久而久之，我们心中的眼睛蒙了尘，便会越发地看不清自己。

小元从小就对表演十分热爱，并且展现出了一定的天赋。但几年过去了，他还只是一个默默无闻的小演员，却仍怀揣着梦想。

终于，一个偶然的机会落到了他的头上：之前的演员因为事故原因不能出演，导演在片场演员的推荐下让小元做了男三号。

小元凭借着不懈的努力和自然的演技，让角色赢得了观众的喜爱，而他也因此在大众视野中崭露头角。出名后的小元更是因俊朗的外形成为了无数少女心中的"梦中情人"，各大媒体争相报道，粉丝数量激增。

然而，随着名气的飙升，他的心也跟着飘飘然，逐渐变得傲慢起来。他不再像以前那样，对前辈的提携和导演的指导心存感激，而是转为了不耐烦。他开始相信自己的成功完全是凭借天赋和颜值，对团队的付出视而不见，对粉丝的热爱也变得越来越敷衍。他频繁地在公开场合发表狂妄言论，贬低同行，甚至对导演和制片人的创意指手画脚，认为自己才是作品的灵魂。

一次，小元接拍了一部备受期待的大制作电影，担任男主角。在剧组里，他更是将自大演绎到了极致，不仅拒绝学习复杂的武术动作，还擅自改动剧本，要求增加大量凸显个人魅力的戏份，导演和编剧虽然心有不满，但碍于他的影响力，只能无奈妥协。

电影上映后，虽然票房成绩尚可，但口碑却一落千丈。观众和影评人纷纷指责电影剧情拖沓、人物单薄，尤其是小元的表演被批评过于浮夸，缺乏深度。社交媒体上，粉丝们也开始出现分化，一部分忠实粉丝，试图为他辩护，但更多的人开始质疑他的职业素养和人格魅力。

面对突如其来的负面评价,小元非但没有反思自己的问题,反而变本加厉地指责媒体和观众不懂欣赏,认为自己的才华被埋没。他继续我行我素,拒绝听取任何意见,甚至与多年合作的经纪公司解约,企图单飞。

然而,没有了团队的支持和资源的倾斜,小元的演艺事业迅速下滑。曾经的片约和代言纷纷取消,粉丝大量流失,他逐渐从一线明星沦为边缘人物。更糟糕的是,由于长期以来的"耍大牌",他在圈内的口碑极差,几乎无人愿意与他合作。

最终,小元只得退出演艺圈。

小元在成名后,错误地将自己的成功完全归因于天赋和颜值,而忽视了努力、团队支持以及行业机遇等多方面的因素。他高估了自己的能力,忽视了团队的贡献,对前辈的指导不再感激,而且面对批评,他拒绝反省,反而指责他人不懂欣赏。这种拒绝接受反馈的态度进一步加剧了他的自我膨胀。最终,他因缺乏自知之明导致事业一落千丈,甚至被迫退出演艺圈。

自负源自自我,自卑同样源自自我。自负和自卑就好像是自我的影子。无论影子或长或短,或浓或淡,或前或后,影子终归是影子,不是自我的本体。

不知道自己几斤几两,更不明白自己的定位,这就是对自我认知不足的表现。不能正确认识自我的人常常只能做出错误的决定。老子有句话说得好,"知人者智,自知者明"。我们若能了解和看透别人,说明我们有眼力和智慧;我们若能了解和看透自己才算真正的圣明。

那么我们要如何做到有自知之明呢？

学会自我审视是成长的关键。通过自我分析，我们能清晰辨识自身在不断变化中的长短得失。比如，我们可以用以下三个问题初步认识自我："因为什么而自豪？""我学习了什么？""我曾经做过什么？"

第一个问题能揭示我们的强项，让我们发现自己最引以为傲的优势，如坚韧、智慧等；第二个问题能让我们审视所知所学，了解自己现有的知识储备情况；第三个问题是用自己过往的经历侧面反映个人素质与潜力，明确自身的能力、潜力与缺陷。这样我们就对自身有比较客观的了解了。

认清自己，这是管好自己的前提。生活中，有时我们难免内心惶惶。对于生活抛给我们的选择题，我们若想选定一个正确答案，就必须对自己有一个正确的认知，及时纠正自己偏离的目标和行动步骤。只有这样，我们才能少走一些弯路。

智慧度愚痴

从前，有一位乡下的地主初入京城，看见一人被皮鞭所伤，取马粪来敷伤口，于是问道："为什么这样做呢？"

那个人回答："用这种方法，伤口不仅很快就会好，还不会留疤痕。"

乡下的地主把这个诀窍牢记在心中。回家就对众人说:"今日我在京城,得了一个大智慧。"家人问道:"是何大智慧?"

他叫仆人过来,说:"用鞭子抽我两百下。"那下人虽害怕,却不敢违抗,只得抽了两百鞭,打得他背后鲜血直流。

打完后他忙吩咐佣人去取马粪涂在伤口处,说:"这样我的伤就会好得很快,而且不会有什么伤疤。这就是大智慧!"

这个故事的主人公,真叫人哭笑不得。

其实像这样愚蠢的人并不在少数,甚至我们自己也时常在不经意间滑入愚痴的泥沼,只是不自知罢了。所以,佛家所讲的"智慧度愚痴"就很有必要,就是让人们用"度"的宝筏,把自己从愚痴摆渡到彻悟的彼岸。

"愚痴"并不只指愚蠢,而是一种精神上的混沌蒙昧状态,一种对世界真相的迷茫,一种对事物运转规律的迷茫,一种在是非面前无法做出正确选择的迷茫,统称为"愚痴"。

那么什么是智慧呢?

"智慧"这个词,有些人称其为"学问",主张学问愈多,智慧愈大。然而,这只能表明知识的丰富,并不等于掌握了智慧。有些人虽然学识渊博,但没有足够的智慧,难有大用;而有些人虽没什么学识,但智慧通透,无所不明。所以,有些人又将智慧和聪明并列起来,用"聪明才智"或者"智谋"来诠释智慧。但聪明只是聪明才智、灵巧机智,属于个人意识之内;而智慧则是一种领悟。两者也并不能等同。

真正的智慧是能客观地认识、了解、分析事物,无偏见,有正确的是非观，能够在把握真理的基础上正确取舍。

张小姐在一家知名的跨国公司担任市场部经理，与来自世界各地的同事合作。她的工作能力强，性格开朗，在公司里结交了不少朋友，其中小谢是她最亲密的同事兼好友。两人不仅在项目上配合默契，私下里也是无话不谈的好闺蜜。

然而，一次项目合作中的分歧打破了这份平静。

小谢与另一个部门的负责人王先生，在关于市场策略的方向上产生了激烈的争执。张小姐作为会议参与者，显然看出了小谢的方案有着明显的弊病：从理论上还说得过去，但如果实际操作的话，是行不通的；即使可行，难度也非常大。相比之下，王先生的提议就要中肯许多，甚至在资本投入方面都帮公司节省了一大半。

她心里清楚地知道这些，却仍抱着"小谢的方案虽不尽人意，但还是有可取之处，况且对方也不一定完全对"的想法去看待。

最终，出于对友情的极度珍视，张小姐选择站在小谢一边。她不仅在会议上婉转地表达了对小谢方案的某些肯定之处，还在私下里安慰小谢，让她感受到不是孤军奋战。

然而，这件事引起了其他同事的不满，认为她的行为是一种对专业性和公司利益的忽视，是"公私不分"，也因此不再让她参与到此次项目中来。

就这样，张小姐被团队边缘化。她也觉得自己无颜再待下去，于是自行申请岗位调整，调离了市场部。

反观王先生，因自己的独到见解、理智的分析和准确的判断，成功接手了多个关键项目，不仅出色地完成了任务，还展现出了卓越的管理和领导能力，逐渐顶替了张小姐在市场部原有的位置，并一路高歌猛进，最终坐到了市场总监的位置。

然而，王先生并未因此忘记张小姐的能力与潜力。他深知，在职场中，团队合作与个人成长同样重要。于是，在适当的时机，他主动向公司提议，将张小姐调回市场部，并邀请她加入自己的团队，共同开拓市场新领域。

张小姐回归后，果然没有让王先生失望。她不仅深刻反思了过去的错误，还积极改变，用更加理智和专业的态度面对工作。

在王先生的带领下，张小姐迅速成长，两人成了优势互补、相得益彰的搭档关系。他们携手共进，不仅成功完成了多个重大项目，还为公司开辟了新的市场增长点，赢得了广泛赞誉。

作为市场部经理，张小姐本应用敏锐的商业洞察力和判断力去客观分析各种市场策略的可行性和效果。然而，在面对小谢与王先生的争执时，她没能客观地看待执行方案，反而因为对小谢的友情而失去了应有的理性和判断力，任凭主观意识倾向小谢，从而忽视了项目本身的客观需求和公司的整体利益。这种行为不仅违背了职场道德和职业操守，也损害了团队的凝聚力和战斗力，是一种典型的不辨是非的行为。

与之相比，王先生就要"智慧"许多。他的"智慧"不仅体现在职场上——能基于事实和数据做出客观判断，给出合理的策划方案；也体现在做人方面——并未因遭受不公待遇就对张小姐的能力予以否定，产生偏见或怨恨。相反，他看到了张小姐的潜力和价值。这种不计前嫌、包容的心态是一种难得的品质，也是一种智慧的体现。

唐太宗曾颇有感慨地说："以铜为镜，可正衣冠；以史为镜，可知兴替；以人为镜，可明得失。"一个有智慧的人，能够明晰人生的方向，可以洞察生命境遇的每一个问题，知道自己该做什么，不该做什么；知道自己如何做好，如何避免各种挫败和困难。

那么，如何才能拥有大智慧呢？心理学已经告诉了我们答案。

智慧源自健康人格。健康人格是指各种良好人格特征在个体上的集中体现。所以，要想成为健康人格的人就要设定远大目标，勤奋学习，积极进取；善于从知识宝库中汲取养分，提升智慧，正确处理自我、行为、环境及人际关系；除追求成就外，还要注重知识、文化、道德及思想素养的提升，以良好素养吸引他人。

智慧，是一把能够穿透表面、洞悉本质的利剑。它帮助我们识别并超越内心的愚痴与执着。在智慧的引导下，我们才能以更加清晰和深刻的视角审视世界，理解并接纳其中的不完美与多样性，从而在复杂多变的人生旅途中，保持一颗平和而坚韧的心。

可以装糊涂，但不能真糊涂

古语有云："愚者人笑之，聪明者人疑之。聪明而愚，其大智也。"意思是说：愚蠢的人，别人会讥笑他；聪明的人，别人会怀疑他。只有聪明但看起来很愚笨的人，才是真正有大智慧的人。

第九章 不愚昧

当然，不是所有人都能拥有这样的智慧。人的一生会遇到各种各样的事，但只要该糊涂时糊涂，该聪明时聪明，就能把余生的路走好。可若是把糊涂、聪明作颠倒，那可真就成了别人眼中自以为是的真"糊涂"了。这无异于盲人骑瞎马，夜半临深池。

黄某，一位拥有丰富人生经历的前教师、军人，转业后成为国家干部，初期以勤勉著称，深受群众和组织认可，仕途一帆风顺，成了同学、朋友、当地一些企业老板眼中的"红人"。

然而，随着职务的晋升，他逐渐受到商人老板奢华生活的诱惑，觉得他们的生活过得比自己好，开始在钱上动脑筋，内心天平失衡，理想信念开始动摇。

这时，一些商人老板也感受到了黄某的"小心思"，开始通过各种方式拉拢腐蚀他。面对诸多诱惑，黄某未能坚守初心，反而深陷其中，来者不拒。当然，作为"回礼"，黄某自然要给这些人"撑场面"。

"贪污"的总开关一旦开启，就再也不可能有合上的时候。黄某从最初收受礼品到违规入股企业，一步步地滑入了权钱交易的深渊。他利用职权为商人谋取利益，自己则通过投资入股、违规经商等方式，大肆敛财，违规获利数百万元。

凡是能插手的生意，黄某基本上都会介入。他不仅赚大钱，连小钱也不放过。与商人老板约定好的利息分红，只能提前给不能推后，而且分文不能少，连几十块钱的零头也不能抹掉。他还亲自经营农庄，利用职权和关系网，明示商人老板、公职人员关照其庄园生意。小到兜售鸡蛋，大到承接园林绿化工程，他都不放过。

不仅如此，对于本市的各种政策奖补资金，黄某也是"雁过拔毛"。他利用职务影响，主动开口申请各种奖补资金，一万元不嫌少，十万元不嫌多，有些部门、干部碍于他手中的权力，审查材料时基本上一路开绿灯。

退休后的黄某也并未收敛，反而继续收受贿赂，甚至被留置前一个月，还在收受别人所送的上万元加油卡，早已忘记母亲对他"好好做人、好好做官"的叮嘱。

直到后来被组织发现，他还在负隅抵抗，试图掩饰自己受贿的事实，甚至为躲避组织审查调查，还多次召集相关人员堵口串供，妄图扭曲事实、撇清自己。

但纸包不住火，最终黄某因涉嫌严重违纪违法，被开除党籍、取消退休待遇，其涉嫌犯罪问题被移送检察机关依法审查起诉，所涉财物一并移送。

黄某就是典型的"真糊涂"。他之所以糊涂，是因为眼珠是黑的，银子是白的，当眼珠盯着钱时，心里明白的是钱，糊涂的是理，而做出来的自然就是糊涂事。黄某在权力与金钱诱惑下心灵迷失。他原本勤勉正直，却因价值观扭曲，逐渐陷入金钱的旋涡。这是"真糊涂"的表现。随着职务攀升，他非但没有警醒，反而变本加厉，甚至不惜弄虚作假，这是"装聪明"的侥幸心理在作祟。他忽视了权力来自人民，应为人民服务的道理，最终走向自我毁灭。

做人可以装"糊涂"，但不能真"糊涂"。"糊涂"不仅仅是一种心态，更是一种美德，能够秉持"糊涂"心态做人做事的人，往往能够自然而妥善地对待世间的人和事。这样才能赢得别人的尊敬。这其实也是糊涂

第九章 不愚昧

做人的真正要义。

古代有个叫韩琦的人,他曾经和范仲淹一起推行新政,在北宋长期担任宰相一职。韩琦在定武统率部队的时候,夜间都需要伏案办公。有一天,有一名侍卫拿着蜡烛为他照明,可是这个侍卫一走神,不小心把蜡烛的火苗烧到了韩琦鬓角的头发。当时韩琦并没有说什么,只是急忙用袖子蹭了蹭,之后又低头写字了。

过了一会儿,当韩琦抬头,却发现刚才拿蜡烛的侍卫不见了,面前是一个面生的新侍卫。韩琦怕主管侍卫的长官会鞭打刚才的那个侍卫,于是就赶快把他们召来,当着他们的面说道:"不要替换他,因为他现在已经懂得该如何拿蜡烛了。"

当时军中的将士们在知道这件事情之后,无不感动。

韩琦在蜡烛火苗烧到自己头发时,并未立即责怪或惩罚那名走神的侍卫,而是选择了"装糊涂",彰显了他的宽容与体谅。随后,见侍卫被替换又主动召见长官与侍卫,称赞侍卫已学会了如何正确拿蜡烛,实为"真聪明"之举。此举既维护了侍卫自尊,还增强了团队凝聚力,营造和谐氛围。韩琦的智慧在于,他懂得在关键时刻以宽容和智慧引导他人,而非简单的惩罚。这不仅是他个人胸襟的体现,也是卓越领导力的展现。

所以,我们也不妨学学韩琦,以"装糊涂"的心态去为人处世。在生活中的大事上明白些,小事上糊涂点,就能使我们经常保持心情愉快。"难得糊涂",人才会清醒,才会有大气度,才会有宽容之心。

实现"难得糊涂",需兼备智慧与胸怀:一要明智,洞察世事而适度糊涂;二要豁达,宽容待人,释怀自我;三要淡泊,舍弃浮华,顺应自然;四要识大局,懂"吃亏是福",不计较眼前得失;五要心怀慈悲感恩，以善化恶，以真化伪。如此，方能在纷扰世事中保持一份超脱与宁静，达到"难得糊涂"的境界。

"难得糊涂"中蕴含深厚的心理学智慧。它倡导在复杂世事中保持认知的灵活性，避免过度纠结于细节，以优化决策过程。情绪管理上，"难得糊涂"鼓励宽容与放下，减少负面情绪，缓解生活压力。在人际关系中，它意味着适度忍让与尊重边界，促进和谐共处。这不仅是一种处世策略，更是一种人生哲学，体现了对自我的认知与接纳，对他人的理解与宽容。它教会我们在纷扰世界中保持内心的宁静与豁达，以更加平和的心态面对生活的挑战。

在复杂多变的世界里，唯有智慧能帮助我们滤除愚昧的思想，洞悉事物的本质与真相，从而做出明智的决策与选择；唯有智慧能赋予我们力量，让我们在面对愚痴的束缚时能够勇敢挣脱，追求真理与光明。它教会我们以开放的心态接纳新知，以谦逊的态度学习成长，以坚定的信念追求进步；即使前路坎坷也勇往直前，不懈奋斗。